La sombra del Estado

Título: *La sombra del Estado.*
   Un testimonio colectivo sobre las infiltraciones policiales
Autoría: Rosas negras

1.ª edición: septiembre 2025, Barcelona

Colección: *Barricada Present*
Descontrol Editorial

C/Constitució 19, Can Batlló, Nau 85-90, 08014 Barcelona
www.descontrol.cat | Tel. 93 4223787

ISBN: 978-84-18283-94-9
Depósito legal: B 12657-2025

Edición: Descontrol Editorial | editorial@descontrol.cat
Maquetación y diseño: Descontrol Editorial
Ilustraciones de portada: Descontrol Editorial
Impreso en: Descontrol Impremta | impremta@descontrol.cat
Distribución: Descontrol Distribució | distribucio@descontrol.cat

---

La sombra del Estado

Un testimonio colectivo sobre las infiltraciones policiales

Rosas negras

EDITORIAL
DESCONTROL

A todas las personas que vinieron antes, a las asesinadas, a las torturadas, a las desmovilizadas, a las que sufrieron infiltraciones, a las secuestradas, a las que levantaron, levantan y levantarán la voz para denunciar las sombras del estado; pero también a las que no pudieron o no supieron hacerlo.

Agradecimientos

Este libro no hubiera sido posible sin el apoyo de algunos colectivos y espacios autogestionados que nos han facilitado lugares donde juntarnos. Agradecemos a todas aquellas personas que luchan por crear y mantener espacios seguros de encuentro y discusión.

Nota sobre el lenguaje

Los policías infiltrados han sido tanto hombres como mujeres. No obstante, cuando hablemos de policías, utilizaremos el masculino genérico. Para referirnos a las personas afectadas, colectivos, organizaciones y asambleas, emplearemos, por lo general, el femenino genérico. Esta elección no es casual, sino que responde a una decisión política y combativa frente a la violencia institucional patriarcal.

Somos conscientes de que esta decisión puede generar una dicotomía en la que el masculino parezca asociado a lo negativo y el femenino a lo positivo. Queremos dejar claro que sabemos que no vivimos en un mundo binario y que no es nuestra intención vincular el masculino, como categoría gramatical, con el patriarcado. Sin embargo, no hemos encontrado, por ahora, recursos lingüísticos que nos permitan expresar de forma clara y contundente nuestra posición política sin incurrir en estas dicotomías. Reconocemos esta limitación y la asumimos como una tarea pendiente que revisaremos en futuras ediciones, con el objetivo de seguir construyendo un lenguaje que sea coherente con nuestras prácticas y luchas.

Nosotras entendemos que el Estado es una representación del sistema patriarcal y que las tácticas de represión que despliega, incluida la infiltración policial, forman parte de su aparato de control y dominación. Utilizar el femenino en referencia a nosotras es, por tanto, una forma de resistencia y reivindicación frente a este sistema opresivo.

Prólogo

El Estado británico siempre ha espiado a su gente, vigilando a cualquier colectivo que intentara cambiar el mundo. En 1968, a raíz de los disturbios en Londres contra la guerra de Vietnam, dieron un paso más. Se creó una unidad secreta para infiltrarse en las vidas de las activistas de izquierdas e informar de sus acciones y todos los aspectos de su intimidad.

Esta unidad estaba protegida y libre de cualquier responsabilidad, vivían según su lema extraoficial: «Por cualquier medio necesario». Los infiltrados no tardaron en invadir las camas de las activistas y en ser detenidos durante las protestas. No se pararon a pensar en las implicaciones que tiene engañar a las mujeres con las que se relacionaron para mantener sus montajes o engañar a los tribunales para conseguir condenas. Incluso usaron nombres robados de niños muertos, sin pensar en el sufrimiento de sus familias.

Ellos sabían que estaban protegidos, nunca tuvieron problemas, se salieron con la suya al conducir borrachos y al tener accidentes. En esta cultura de la impunidad, se volvieron más intrépidos convirtiéndose en agentes provocadores. En los años ochenta, uno de ellos, Bob Lambert, tuvo un hijo con una activista y lideró una conspiración para quemar tiendas de pieles de animales. Fue ascendido a jefe de la unidad por esta acción.

Se creían por encima de la ley, ocultos por el Estado. En 1999 se creó una unidad nacional que hacía lo mismo. Formada por los infiltrados londinenses, no tardó en cometer el mismo tipo de abusos en ciudades de todo UK.

En nuestros movimientos circulaban muchos rumores, pero apenas teníamos pruebas. Un agente infiltrado se

presentó como denunciante, delatando detalles de su operación, pero el secretismo que rodeaba todo el asunto hizo
que apenas tuviera repercusión.

El 21 de octubre de 2010 todo cambió, Mark Kennedy
fue confrontado y admitió que era un agente infiltrado. La
magnitud de sus abusos fue asombrosa y él se convirtió en
la pieza clave de una cadena de sucesos. Se descubrieron
más agentes infiltrados, aparecieron más abusos y se hizo
patente la magnitud de las operaciones.

Ahora sabemos que entre estas dos unidades, la de todo
UK y la de Londres, hubo alrededor de 138 infiltrados durante un periodo de 50 años, en algunos momentos hubo 12
agentes infiltrados a la vez. Nada parecía estar fuera de su
alcance y control, acumularon millones de documentos que
contenían información sobre niños, sobre la salud mental
y la vida sexual de las activistas, y mucho más. Ahora sabemos que más de cincuenta mujeres fueron engañadas para
mantener relaciones sexo-afectivas. Incluso los informes
internos de la policía admiten que las unidades habían perdido su «brújula moral», si es que alguna vez la tuvieron.

En 2011 ocho mujeres interpusieron una demanda contra la policía y obtuvieron una disculpa, pero obviamente,
no fue suficiente. Una vez abierta la investigación sobre
estas prácticas de tortura, salió a la luz que, incluso, habían estado espiando a las familias de Stephen Lawrence,
hombre negro asesinado en 1993 y a otras familias quienes
hacían campaña para que se hiciera justicia por los asesinatos racistas. En 2014, hubo bastantes protestas públicas
y se anunció la creación del 'Undercover Policing Inquiry'
un informe de investigación sobre los numerosos abusos
cometidos por policías infiltrados, haciendo públicos los
nombres y documentos internos de los agentes. A raíz de
esta publicación, la policía se vio obligada a ofrecer unas
disculpas sin precedentes. En 2022, un tribunal dictaminó
que los agentes infiltrados habían vulnerado los derechos a

la privacidad y la vida familiar, la libertad de expresión, la libertad de reunión y asamblea, y el derecho a vivir libres de discriminación y de tratos inhumanos y degradantes.

Ha sido un periplo largo y agotador para todas las partes implicadas. Aún no hemos obtenido todas las respuestas que necesitamos. Pero la información que hemos descubierto y el camino que hemos recorrido juntxs ha resultado fundamental a muchos niveles.

Por nuestra parte, necesitábamos contraatacar, demostrar que no nos dejamos doblegar ni aplastar. Como activistas, hicimos lo que mejor sabíamos: hacer campaña. Construimos alianzas, más allá de divisiones ideológicas, entre grupos que históricamente, a menudo, se negaban a hablar entre sí. Nos unía un enemigo común. Nos organizamos y demostramos que teníamos poder propio y que la policía no ganaría.

No ha sido fácil, pero teníamos que hacerlo por nuestro propio bien. Hemos transformado nuestro trauma en un contraataque al Estado. Tomamos nuestras herramientas de solidaridad colectiva y las utilizamos para unirnos. Cuanto más conectábamos entre nosotros y contábamos nuestras historias, más fuertes nos hacíamos. Vimos los patrones comunes que conducían a más exposiciones. También nos dio una comprensión colectiva que nos permitió mostrar un apoyo más amplio.

Tampoco se trata sólo de las personas más afectadas por la infiltración policial. Nuestros movimientos fueron socavados, nuestra gente maltratada. Es importante que esto no se repita. En un momento en el que la necesidad de movimientos políticos y de cambio social es más imperiosa que nunca, tenemos que ser capaces de protegernos para que las fuerzas del Estado no nos destruyan. Cada secreto que hemos descubierto nos aporta conocimiento y con ese conocimiento podemos construir las herramientas que necesitamos para protegernos. Mucha gente se negaba a creer que el Estado pudiera llegar tan lejos, así que ha sido importante ofrecer una base de hechos sólida para que se vea hasta dónde es capaz de llegar. Nos ayuda a ver mejor esa línea que separa la verdad de la paranoia, lo que es miedo superfluo y lo que es la amenaza real.

No podemos impedir que el Estado nos espíe pero, por fin, hemos sacado a la luz muchos de sus engaños. Estas unidades dependen del secretismo y del silencio para hacer su trabajo, cuanto más se les obliga a salir a la luz pública, más difícil les resulta funcionar.

Nos duele que en el estado español la primera oleada de estos "policías infiltrados" empezara a hacerse pública después de que en UK hubiéramos demostrado que las acciones de estos violaban el Convenio Europeo de Derechos Humanos. Y que, además, después de que se descubrieran los primeros infiltrados la policía siguió desplegando nuevos agentes. Estas son las acciones de un Estado autoritario que no se arrepiente en absoluto, al que no le importan nada los derechos humanos ni la dignidad de aquellas personas a las que tiene en el punto de mira. El hecho de que prefieran amenazar con detener a quienes sacan a la luz estos sucios secretos es una muestra de su verdadera naturaleza.

En octubre de 2023 viajamos al estado español para encontrarnos con algunas activistas afectadas. Nos impresionó conocer a gente que estaba pasando por el mismo sobresalto provocado por la traición que nosotras sufrimos hace quince años.

Hablamos de las semejanzas y diferencias entre las tácticas policiales en UK y lo aprendido allí. Compartimos el documento de las quince preguntas que habían redactado activistas cuando empezamos a destapar el alcance del espionaje en UK. También explicamos cómo habíamos afrontado la situación a la que nos vimos abocadas, con la esperanza de que nuestra experiencia sirviera para empoderarlas y se pudieran extraer aprendizajes de nuestra lucha en busca de respuestas.

Nos alegra apoyar la creación de este libro. Los colectivos afectados por estas nuevas infiltraciones se han movilizado muy rápidamente. Al igual que nosotras, han tenido que crear vínculos más allá de las diferencias políticas habituales, porque el Estado no discrimina a la hora de atacar a los movimientos de izquierdas. Han tenido que vivir los numerosos impactos emocionales de estas infiltraciones, que debilitan nuestras capacidades de confiar y de trabajar en colectivo precisamente cuando más las necesitamos.

Las felicitamos por haber reunido tanta información importante, incluso cuando las heridas aún están frescas. Este es un libro importante. Nuestra mejor arma contra este tipo de represión es estar precavidas y armadas de conocimiento.

Ahora sabemos que estas unidades no formaban parte de una red europea, sino mundial. Muchos de estos infiltrados cruzaron fronteras y denunciaron a personas en otros estados. La lucha por la justicia no se limita a un solo país. En cualquier lugar donde se encuentren estos infiltrados, su lucha es también la nuestra.

Campaign Opposing Police Surveillance
https://campaignopposingpolicesurveillance.com/

Police Spies Out of Lives
https://policespiesoutoflives.org.uk/

Undercover Research Group
https://www.spycopsresearch.info/

Introducción

Este libro nace de la necesidad de responder a los destapes de las diversas infiltraciones policiales en movimientos sociales y políticos del Estado español desde el año 2022. Es fruto de experiencias vividas en primera persona y de reflexiones individuales y colectivas en torno a estas infiltraciones en Catalunya, Madrid y València. En concreto, aborda su presencia en el movimiento libertario, el vecinal, la lucha por una vivienda digna, el movimiento de la izquierda independentista, el antifascista, el antirracista, el antirrepresivo, el feminismo, las luchas en defensa de la tierra y la lucha por la liberación y autodeterminación de Palestina, así como en diversos centros sociales okupados, ateneos y casales populares, entre otros.

Desde que en el verano de 2022 comenzaron a destaparse distintos casos de infiltraciones policiales en varios territorios del Estado español, muchos de los grupos y personas que habíamos sido compañeras, amigas, parejas o ligues de estos agentes de policía empezamos a reunirnos para compartir lo que estábamos viviendo y brindarnos apoyo ante esta táctica represiva del Estado.

Hasta la revelación de estos casos, no concebíamos que las infiltraciones pudieran llegar a espacios tan íntimos; creíamos que se limitaban a ámbitos más políticos, como asambleas, proyectos y manifestaciones. Lejos de tratarse de una acción aislada, se ha desvelado como una operación de gran envergadura, orquestada desde la Brigada de Información de la Policía Nacional y dirigida por la Comisaría General de Información y el Ministerio del Interior.

En abril de 2025, en un lapso de menos de tres años, se han destapado hasta doce agentes infiltrados. Ha sido un periodo de fuertes impactos, en el que hemos sentido la falta de referentes, materiales de aprendizaje y estrategias o herramientas que nos permitieran actuar. Por ello, surge la necesidad de responder colectivamente a esta táctica represiva del Estado. Nos unimos y organizamos para fortalecernos frente a sus principales objetivos: dividirnos, amedrentarnos y desmovilizarnos.

Este libro no busca el morbo ni se trata de un relato de gente ofendida porque su «amigo» les ocultó que era policía. La infiltración policial es una estrategia estatal estructurada, organizada y desarrollada bajo diferentes cadenas de mando y jerarquías. Hablamos de funcionarios y funcionarias del Estado que reciben órdenes de entablar contacto, forjar amistades y establecer relaciones afectivas con determinadas personas debido a su ideología y participación política.

Gracias a los aprendizajes colectivos, podemos seguir perfilando nuestras luchas. Por ello, decidimos publicar este libro con el propósito de realizar un análisis histórico de la infiltración policial como estrategia de control y represión, explorando su desarrollo y evolución según los cambios sociopolíticos. Asimismo, buscamos compartir estrategias individuales y colectivas de protección, cuidados y apoyo mutuo, haciendo públicas estas herramientas como una forma de denuncia y visibilización, además de ofrecerlas como recurso para la prevención y actuación en casos similares.

Aquí encontrarás una breve introducción al fenómeno y la historia de la infiltración policial, así como un resumen con información sobre los infiltrados que hemos descubierto en este periodo (cómo se infiltraron, patrones de conducta, errores, etc.). Además, incluye una guía de investigación en caso de sospecha sobre una persona compañera. La tercera parte ofrece una reflexión tanto política como emocional sobre las reacciones ante estos casos y lo que hubiésemos necesitado. Finalmente, el libro concluye con un cierre que sintetiza todo el proceso.

En este camino, ha sido fundamental contar con la experiencia de compañeras de UK y sus procesos de descubrimiento y visibilización de policías infiltrados.[1] Ellas publicaron un manual sobre las tácticas utilizadas por la policía, así como una serie de preguntas que nos podemos hacer al sospechar de alguien. Este manual fue traducido al castellano y catalán por el colectivo *Colze a Colze*. En febrero de 2025, se publicó el *Manual para descubrir a un policía infiltrado*, que adelantaba parte del capítulo 2 con las preguntas elaboradas en UK, traducidas y actualizadas con los casos del Estado español, de modo que los colectivos en proceso de investigación o con dudas internas pudieran contar con un material de referencia. Este libro también recoge esas preguntas, las contextualiza, las responde y busca ser una reflexión política y emocional sobre las respuestas.

Antes de publicar este libro, nos planteamos diversas opciones y dudamos sobre la conveniencia de hacerlo público, dado que podría influir en los métodos policiales y en investigaciones en curso. Finalmente, concluimos que no tiene sentido que solo unas pocas personas tengamos

---

1   En este libro utilizaremos la sigla «UK» para referirnos a los diversos colectivos afectados en Inglaterra, Escocia, Gales e Irlanda del Norte. Hemos decidido emplear esta denominación porque es la misma que ellas utilizan para señalar su marco territorial. Además, esta elección responde a una postura política en favor del derecho a la autodeterminación de los pueblos que conforman UK. El uso de «UK» nos permite visibilizar que este territorio está compuesto por naciones con identidades propias, muchas de las cuales han estado en conflicto con el Estado británico. Reconocemos que el UK es una estructura estatal impuesta, y al adoptar esta denominación, respetamos la manera en que los colectivos locales se autodefinen, evitando perpetuar la lógica centralista de un Estado que históricamente ha negado su derecho a decidir.

acceso a estas herramientas. De lo contrario, se fomentaría una lógica individualista y «amiguista», limitándose su circulación a organizaciones y colectivos cercanos bajo la premisa del «sálvese quien pueda». Esto supondría que la responsabilidad de gestionar e investigar recaiga sobre unas pocas personas, generando una carga imposible de asumir, además del peligro e insolidaridad que implicaría dejar a criterio personal esta tarea, con el riesgo de crear jerarquías y abusos de poder. Por ello, consideramos fundamental hacer pública la información obtenida, para que un amplio espectro de militantes y activistas pueda enfrentar posibles sospechas. También nos preguntamos si la publicación de este libro provocaría un cambio en los métodos policiales, pero nos parece evidente que la policía ya está al tanto de estas investigaciones. Con doce infiltrados descubiertos en tres años, suponemos que ya han comenzado a modificar sus estrategias o están en proceso de hacerlo, lo que, por otro lado también conllevará errores. Mirar al pasado y descubrir otras infiltraciones ayudará a los movimientos sociales a analizar la magnitud de esta estrategia de Estado.

Por último, creemos necesario expandir la lucha contra este modelo represivo más allá de nuestros propios colectivos. Por ello, exponemos aquí lo que hemos aprendido: lo que nos ha servido, lo que nos ha fallado y lo que nos ha faltado. Anhelamos que este libro sea útil para casos futuros, para fomentar la cultura de seguridad[2] entre organizaciones y colectivos y, sobre todo, para lanzar un mensaje claro: la policía no es infalible. Su funcionamiento

---

2   Según el blog *culturadelaseguridad.noblogs.org*, la cultura de la seguridad es definida como «una serie de hábitos, prácticas, conocimientos y procedimientos que nos hacen tomar consciencia de cómo nuestras acciones y métodos, nos ayudan a ser más efectivos en situaciones complicadas; priorizando en nuestra seguridad y la de los nuestros, pero comprendiendo los riesgos intrínsecos que conlleva la toma de según qué decisiones».

tiene grietas, y los hechos así lo demuestran. Queremos exponerlas de manera pública y accesible.

Rosas Negras
Organizadas frente a la infiltración
Abril 2025

CAPÍTULO 1

¿Qué pasó antes? Breve historia de la infiltración en el Estado español

Al descubrir que has convivido de cerca con un policía infiltrado, es natural preguntarse si esto ha ocurrido antes. Buscar precedentes a los que aferrarse para intentar encontrar estrategias es una reacción lógica. Por ello, aquí trataremos de relatar antecedentes que demuestran que, en nuestra historia reciente[3], la presencia policial ha sido constante y que la infiltración en movimientos sociales no es un fenómeno nuevo. Creemos que una contextualización histórica de la infiltración en el territorio español permite trazar una cartografía más detallada de sus estrategias represivas. Así que, en las páginas siguientes, intentaremos hacer un resumen de lo que hoy conocemos.

Antes de adentrarnos en el tema, es necesario recalcar que las pocas respuestas oficiales dadas a prensa al preguntar sobre los casos que nos han afectado van asociadas al uso de la Ley 9/1968, conocida como la Ley de Secretos Oficiales, firmada en el 5 de Abril de 1968 por Francisco Franco y Antonio Iturmendi (Presidente de las Cortes) en el Palacio del

---

3   Para redactar este capítulo se han utilizado diversas fuentes bibliogràficas, principalmente: Ballester, D. (2024), Fernàndez, D. (2014) y Palacios Cerezales, D.;Vaquero Martínez, S. (2024).

Pardo y aprobada por las Cortes Generales.[4] Según esta ley, se considerarán secretos oficiales todas aquellas cuestiones que puedan dañar o poner en riesgo la seguridad y la defensa del Estado, según determine el Gobierno. La información será clasificada en dos niveles, aplicables a la actividad de los órganos del Estado: *secreto* y *reservado*, dejando en manos del Consejo de Ministros y del Estado Mayor de Defensa su aplicación. La ley fue levemente reformada en 1978, con la llegada de la democracia, pero nunca se incluyeron en ella plazos concretos para la desclasificación del material reservado. Así, existen asuntos que pueden permanecer silenciados indefinidamente, como el Golpe de Estado (1981) o los Grupos Antiterroristas de Liberación (GAL). Sabiendo que las infiltraciones policiales están amparadas como secreto de Estado, y que no parece haber intención de modificar su aplicación, cabe preguntarse: ¿qué sabemos realmente sobre ellas?

Para comprender cómo se han desarrollado las infiltraciones policiales, primero es necesario definir algunos términos clave: el topo, los agentes infiltrados, los agentes encubiertos y los chivatos. Según la RAE, la segunda definición más común de «topo» es «una persona que se infiltra en una organización y actúa al servicio de otros».[5] Esta definición abarca diferentes categorías de informantes: desde infiltrados policiales o civiles hasta agentes encubiertos y chivatos. Estos son, en su mayoría, personas cercanas a las organizaciones, vulnerables a la captación policial por problemas económicos, judiciales, drogodependencias o,

---

4   Respuesta del Ministerio de Interior Fernando Grande-Marlaska al requerimiento presentado en el Congreso por el diputado de Euskal Herria Jon Iñarritu el 15 de febero de 2023. En su respuesta, explicaba que la actuación de los policías infiltrados descubiertos respondía a «hacer efectivo el pleno ejercicio de los derechos fundamentales y las libertades públicas de los ciudadanos», negando que se tratara de «agentes encubiertos», sino de «agentes de inteligencia».

5   Topo. (n.d.). Disponible en *Diccionario De La Lengua Española*. Acceso en el 10-4- 2025, en https://dle.rae.es/topo

en algunos casos, hasta por venganza. Los agentes encubiertos, en cambio, son policías, guardias civiles o militares que actuan por orden judicial. Un ejemplo de ello son los agentes ligados al Centro Nacional de Inteligencia (CNI), organismo que, por ley, tiene asignado un juez de enlace. Por el contrario, cuando hablamos de infiltraciones nos referimos a individuos que, generalmente, ligados a la Comisaría General de Información (CGI), actuan bajo órdenes directas del Estado amparados por la Ley de Secretos Oficiales. Es decir, su trabajo depende de fondos económicos reservados y no rastreables. En este sentido, la CGI viene a ser la policía secreta del estado.

LA CONSOLIDACIÓN DE LAS INFILTRACIONES

Los primeros registros de «topos» o infiltrados aparecen ligados al pistolerismo y al anarquismo de los años 20. En plena crisis y agitación revolucionaria, tanto la patronal como el Estado utilizaron a infiltrados en los movimientos políticos y sociales. Sin embargo, de estas infiltraciones disponemos de muy pocos datos, basados principalmente en sospechas y rumores.

En 1929, Primo de Rivera creó dentro de la policía una división de investigación social impulsada por el general Emilio Mola. Esta división estaba compuesta por 12 brigadas, y su comisario principal fue Santiago Martín Báguenas, uno de los inspiradores del golpe de Estado de 1936.

A partir del estallido de la Guerra Civil en 1936, comienzan a aparecer nombres clave para entender la infiltración policial en el Estado español. Desde el inicio, el cuerpo de policía franquista contó con agentes formados para infiltrarse en cualquier disidencia, a través del Servicio de Información y Policía Militar (SIPM), conocido como la brigada político-social franquista, creado en 1937 con formación inicial a cargo de la Gestapo y posteriores acuerdos formativos con la

CIA. Figuras como Eduardo Comín Colomer, Julián Mauricio Carlavilla o Roberto Conesa Escudero ingresaron en el cuerpo policial justo antes o durante la contienda y fueron formados como «agentes de inteligencia». El bando sublevado creó su propia organización político-militar interna, dando lugar en 1939 a la Dirección General de Seguridad (DGS), a cargo de José Ungría, dividida en dos comisarías generales de servicios secretos: la de Orden Público y la Político-Social.

Comín Colomer estuvo vinculado toda su vida a la Brigada Político-Social, fue profesor y director de la Escuela General de Policía, y dedicó su carrera a la persecución de lo que consideraba la «conspiración judeo-masónico-comunista-internacional», publicando numerosos artículos, libros y ensayos. Por otro lado, Mauricio Carlavilla ingresó en la policía nacional en 1921, dentro del cuerpo de vigilancia, de donde fue expulsado en 1935 por acumulación de faltas graves. Durante la guerra se reincorporó al SIPM y, por tanto, al cuerpo policial.

Sin embargo, la figura más representativa de la infiltración durante la guerra, la dictadura y los inicios de la democracia fue Roberto Conesa Escudero. Su expediente de 865 páginas, revelado en el 25º aniversario de su muerte[6], lo describe como un verdadero sanguinario. Siendo aún menor de 20 años durante la Guerra Civil, Conesa se afilió a la Falange clandestina y participó en el espionaje franquista dentro de la llamada Quinta Columna (2.ª y 44.ª Bandera). A los 22 años, tras la caída de Madrid el 28 de marzo de 1939, ingresó oficialmente como agente provisional del SIPM en la Brigada Político-Social, donde permanecería hasta su jubilación en 1979. A lo largo de su carrera, fue denunciado incontables veces por torturas y maltratos. Como

---

6   Fuente: Archivo General del Ministerio de Interior. Revelado por el diario.es (2020*): Expediente Conesa: de la represión franquista a la cloaca policial.*

dato imprescindible, uno de sus primeros trabajos fue infiltrarse en el Socorro Rojo, lo que condujo a la detención y fusilamiento de 13 militantes de las Juventudes Socialistas Unificadas (JSU) y del Partido Comunista de España (PCE) el 5 de agosto de 1939 en el cementerio de la Almudena de Madrid. Estas mujeres, conocidas como las 13 Rosas, se convirtieron en un símbolo de la lucha antifranquista.

Las 13 Rosas fueron asesinadas como parte de un plan de represión y amedrentamiento por su papel en la obtención y ocultación de armas, dentro de los esfuerzos por organizar una resistencia al régimen franquista desde sus inicios. Pero también fueron ejecutadas por representar todo lo contrario al modelo de mujer que la dictadura pretendía imponer. Los informes filtrados de la época evidencian un ensañamiento especial contra ellas por no ajustarse a los roles femeninos dictados por el régimen. Su fusilamiento no solo buscó eliminarlas, sino también sentar un precedente que sirviera de advertencia para el resto de la sociedad.

Posteriormente, Conesa también se infiltró en el PCE de Madrid, las JSU de Catalunya, el Comité Provincial del PCE en Zaragoza y Lleida, e incluso en la resistencia antifranquista en Toulouse. En 1947, desmanteló el PCE con 2.000 detenciones y 46 condenas a muerte. Sus expedientes dejan claros métodos que consistían en no detener a todos los miembros de una organización, sino dejar algunos para que volvieran a reorganizarse y así seguir cobrando primas especiales por las infiltraciones y detenciones. Él decía que era como cortar la cola de una lagartija. Las prácticas de Conesa sentaron las bases de funcionamiento de la Brigada Político-Social franquista. En 1977, ya en una supuesta democracia, el entonces ministro del Interior Rodolfo Martín Villa (1977-1979) reafirmó a Conesa como comisario general de información.

Durante el franquismo, se crearon dos organismos clave: el SIAEM (Tercera Sección de Información del Alto Estado

Mayor) y el SECED (Servicio Central de Documentación, dependiente directamente de la Presidencia del Gobierno). Estas entidades reforzaron el aparato de seguridad y control del Estado en un contexto de creciente oposición política.

En 1968, tras el asesinato de un guardia civil por parte de la organización político-militar vasca Euskadi Ta Askatasuna (ETA), es cuando se produjo un punto de inflexión en la estrategia represiva del régimen. A partir de ese momento, se instauró una política de «todo permitido», caracterizada por el uso de agentes provocadores, la compra de confidentes, infiltraciones sin límites, desapariciones y asesinatos, entre otras prácticas.

En este contexto, en diciembre de 1969, el régimen puso en marcha el Plan Udaberri[7] (plan primavera), conocido popularmente como el «morir matando del franquismo».[8] Su objetivo era erradicar la subversión en todas sus formas y, por primera vez, la estrategia represiva no se limitó exclusivamente al ámbito militar y policial, sino que se extendió también a los planos cultural, económico y político: «parece indispensable coordinar la acción física tendente a la eliminación de los activistas con la psicológica, que busque privarlos de sus apoyos de masas y sembrar la división entre los principales focos subversivos (ETA, Partido Comunista y clero activista)». Estableciendo, por tanto, las bases para desarticular cualquier foco subversivo desde dentro. De este modo, se organizaron infiltraciones estratégicas desde finales de los años sesenta, extendiéndose hasta la década de los noventa.

El 20 de diciembre de 1973, el asesinato de Carrero Blanco a manos de ETA atrajo simpatizantes hacia las

---

7   Casanellas, P. (2010) "Lecciones para después de la crisis: El Plan Udaberri (1969) y la lucha del espionaje franquista contra la "subversión" en el País Vasco". *Novísima (enero), pags. 379-392.*

8   Pau Casanellas, *Morir matando. El franquismo ante la práctica armada, 1968-1977*, Madrid, Los Libros de la Catarata, 2014.

acciones de la organización y, en consecuencia, la aplicación de nuevas y más estrictas fórmulas de lucha contra ella. Durante la década siguiente, se atentó contra la vida de numerosos policías, militares y guardias civiles, en un contexto de asesinatos y desapariciones de militantes, así como infiltraciones y operaciones encubiertas.

POSTFRANQUISMO Y SUPUESTA TRANSICIÓN DEMOCRÁTICA

La muerte de Franco, en 1975, no significó un cambio real en la estructura policial ni en su funcionamiento. El intercambio de poderes políticos no afectó a las leyes que personajes como Conesa se ocuparon de crear y preservar para garantizar su impunidad, como la Ley de Secretos Oficiales. El mayor cambio fue puramente estético: la sustitución del color del uniforme policial, que pasó de gris (los «grises») a marrón (los «maderos»), y que finalmente derivó en el actual azul. Sin embargo, la estructura, los jefes y las prácticas se mantuvieron intactas.

En 1977, en plena reestructuración de los servicios de inteligencia, el SIAEM y el SECED fueron sustituidos por el Centro Superior de Información de la Defensa (CESID), que en 2002 pasó a llamarse CNI. Un año después, en 1978, la Dirección General de Seguridad (DGS) cambió su nombre con la promulgación de la Ley de Policía, pasando a denominarse Dirección General de la Policía (DGP). No obstante, la transformación fue meramente nominal, ya que la estructura, el personal y los métodos siguieron siendo los mismos. De hecho, el SIPM se convirtió en la Brigada Central de Información, futura CGI. Misma estructura, mismas personas, mismos jefes, distintos nombres.

En esos años de «transición», la formación policial continuó desarrollándose en diversos centros del Estado, destacando la academia especial de Canillas (Madrid), donde la enseñanza mantenía un fuerte vínculo con el militarismo. No fue hasta 1985 cuando entró en vigor un nuevo plan de estudios policiales, centralizado en la academia de Ávila. El 28 de noviembre de 1986 y el 16 de febrero de 1996, los Acuerdos del Consejo de Ministros otorgaron carácter secreto a la estructura, organización, medios y procedimientos operativos específicos de los servicios de información, así como a sus fuentes y cualquier información que pudiera revelarlas. Mientras tanto, la nueva Dirección General de Policía y su Comisaría General de Información continuaron su labor, definida oficialmente como «la captación, recepción, tratamiento y desarrollo de la información de interés para el orden y la seguridad pública, y su utilización operativa, específicamente en materia antiterrorista a nivel nacional e internacional».[9]

El «postfranquismo» consolidó estas nuevas-viejas bases policiales, dejando una larga lista de infiltraciones en ETA. Entre los más conocidos se encuentran Mikel Lejarza Egia, alias «El Lobo», un policía nacional del CESID (actual CNI) que trabajó como agente encubierto bajo el nombre de Gorka entre los años 1970 y 1975. Descubierto, fue trasladado a Argel. La revista *Ardi Beltza*[10] lo localizó en Sant Cugat, Catalunya, en los años 2000. Tras varios cambios de identidad, llegó a utilizar la de Gabriel Sánchez García, fallecido en 1987.[11] Posteriormente, captó y entrenó a Josep Maria Aloy, alias «Txema», quien se infiltró en Terra Lliure y

---

9 Ya en 2005 una orden ministerial detalla de nuevo que las actuaciones de la CGI estan encubiertas por la Ley de Secretos Oficiales de 1968.

10 *Ardi Beltza* fue una revista mensual vinculada a los sectores de la izquierda independentista vasca que estuvo en activo desde 1991 hasta el 2001. Fue clausurada por orden del juez Baltasar Garzón.

11 En el Estado español los infiltrados no suelen cambiar de nombre. En cambio, en los casos de UK es muy recurrente el uso de nombres de personas muertas.

proporcionó información clave para la Operación Garzón[12]. En 2002, trabajaba como asesor de seguridad para la empresa CIRSA en Brasil. Actualmente alterna su residencia entre Manresa y Brasil.

Otro infiltrado conocido fue José Antonio Anido Martínez, guardia civil nacido en Estrasburgo, quien se infiltró en los noventa bajo el alias de Joseph Anido, ganándose un lugar en diversas asambleas con la apariencia de un migrante insumiso. Fue descubierto en 1995 cuando compañeros suyos encontraron en casa de sus padres una foto suya jurando bandera. Desapareció en Sudamérica, donde mantuvo su nombre y adoptó los segundos apellidos de sus padres (Cabana Román). Allí asesoró a paramilitares y acabó inmerso en un tiroteo en 1999. *Ardi Beltza* lo localizó en una urbanización de lujo en Madrid en el año 2000 bajo otra identidad.

Por su parte, Javier López Urtizberea, militar que usó el nombre Xabier Sánchez Urrutikoetxea, se matriculó en la Coordinadora de Alfabetización y Euskaldunización (AEK), academias oficiales de euskera, para infiltrarse en entornos abertzales. El periódico *Egin* descubrió su identidad al verificar que su DNI no figuraba en la Seguridad Social ni en el padrón de Altza, donde decía residir. La matrícula de su vehículo reveló su verdadera identidad. De manera similar

---

12 La Operación Garzón fue una operación policial bajo las ordines del juez Baltasar Garzón que se saldó con la detención de 45 personas supuestamente vinculadas al movimiento independentista catalán. Veiniticnco de las detenidas fueron juzgadas y 18 fueron condenadas por pertenencia a Terra Lliure. Dieciocho de las personas detenidas denunciaron torturas y el Tribunal Europeo de Derechos Humanos en 2004 condenó el Estado español por no haber investigado sus denuncias. Piqué, R (2006) "El tribunal de Estrasburgo y la garantía de los derechos humanos en personas privadas de libertad. El caso de los independentistas catalanes detenidos durante la operación Garzón." *Torturas y abuso de poder,* pags. 122-132.

a José Antonio Anido Martínez, *Ardi Beltza* lo localizó en Alicante en los años 2000.

Asimismo, Elena Tejada, policía nacional de La Rioja, se infiltró en Donosti bajo el nombre de Aranzazu Berradre Martín tras graduarse en 1989. *Ardi Beltza* reveló su identidad en su tercer número, tras recibir el testimonio de un conocido. Su matrícula confirmó la infiltración. Luego estuvo destinada en Barcelona y se le perdió la pista. En 2024, en medio de nuevas revelaciones sobre infiltraciones, se estrenó una película sobre su vida, financiada por el Estado en 2023 tras una década guardada en un cajón.[13]

Cómo ya hemos dicho, no todos los infiltrados en ETA fueron policías. En esta lista también aparecen nombres «famosos» como el de José Luis Arrondo (Cocoliso) de Erandio, quien se hizo pasar por refugiado político en Donibane Lohizune y Biarriz, siendo, en realidad, un ultraderechista de Fuerza Nueva. A su vez, introdujo en el circuito policial a Ignacio Iturbide y Ladislao Zabala, infiltrados pertenecientes al batallón vasco español. Entre los tres suman más de 12 asesinatos y desapariciones a sus espaldas que nunca fueron juzgados.

Un caso paradigmático es el de Lorenzo Bárez (Elgoibar), quien, bajo el apodo de Alberto Etxebarria, se infiltró y, posteriormente, acabó pasando por la academia para convertirse en policía. En 2018 declaró como teniente coronel en Cantabria en un caso judicial de un subordinado.

Los escándalos de la guerra sucia en Euskal Herria, desapariciones, torturas, asesinatos e infiltraciones de todo tipo,

---

13   En el Artículo «La infiltrada, premios, falsas casualidades y guerra cultural», publicado en Pikara Magazine el 12 de febrero de 2025, colectivos afectados por infiltraciones policiales denuncian que el Estado utiliza la película *La infiltrada* (2024), dirigida por Arantxa Echevarría, para limpiar la imagen de los policías infiltrados en movimientos sociales, aprovechando el contexto de los premios Goya y la persistente referencia a ETA. Disponible en https://www.pikaramagazine.com/2025/02/la-infiltrada-premios-falsas-casualidades-y-guerra-cultural

y el uso de fondos reservados por parte del gobierno escalaron a instancias internacionales. Por ello, en 1999, Aznar promovió una ampliación de la Ley de Enjuiciamiento Criminal (LE-Crim)[14], y nació el artículo 282 bis, que contempla quince situaciones de "delincuencia u organización criminal" que justifican la infiltración bajo tutela judicial.[15] Los altos cargos policiales no estuvieron callados ante este recorte de «libertades» y apareció un artículo firmado por Jesús Duva donde se quejaban del control judicial y fiscal que esta ley proponía, añadiendo la idea de crear una especie de academia de infiltrados que sirviera para formar agentes que, desde el inicio de su carrera, se dedicaran exclusivamente a eso.

---

14   «BOE» núm. 12, de 14 de enero de 1999, páginas 1737 a 1739 (3 págs.).

15   Según la regulación de agentes encubiertos, «Cuando se trate de investigaciones que afecten a actividades propias de la delincuencia organizada, el Juez de Instrucción competente o el Ministerio Fiscal dando cuenta inmediata al Juez, podrán autorizar a funcionarios de la Policía Judicial, mediante resolución fundada y teniendo en cuenta su necesidad a los fines de la investigación, a actuar bajo identidad supuesta y a adquirir y transportar los objetos, efectos e instrumentos del delito y diferir la incautación de los mismos. La identidad supuesta será otorgada por el Ministerio del Interior por el plazo de seis meses prorrogables por periodos de igual duración, quedando legítimamente habilitados para actuar en todo lo relacionado con la investigación concreta y a participar en el tráfico jurídico y social bajo tal identidad. [...] La resolución será reservada y deberá conservarse fuera de las actuaciones con la debida seguridad. La información que vaya obteniendo el agente encubierto deberá ser puesta a la mayor brevedad posible en conocimiento de quien autorizó la investigación. Asimismo, dicha información deberá aportarse al proceso en su integridad y se valorará en conciencia por el órgano judicial competente. 3. Cuando las actuaciones de investigación puedan afectar a los derechos fundamentales, el agente encubierto deberá solicitar del órgano judicial competente las autorizaciones que, al respecto, establezca la Constitución y la Ley, así como cumplir las demás previsiones legales aplicables».

Infiltraciones
en otros movimientos políticos y sociales

Como ya hemos visto, la guerra del Estado contra ETA sirvió de escenario para promover toda una serie de leyes y mantener figuras y funcionamientos franquistas bajo la premisa de la «seguridad del Estado». Pero, en realidad, los casos de infiltración destapados desde 2022 hasta ahora demuestran que, al igual que durante el franquismo, el interés estaba en perseguir cualquier disidencia. No hace falta llegar al 2022 para empezar a conocer casos de infiltraciones en movimientos sociales; no son algo nuevo.

En 1990, sale de la academia de policía José Alberto M. F.[16], quien se supone, bajo la identidad de Albert Martínez Hernando, se infiltró en el movimiento antimilitarista de Barcelona. Martínez frecuentaba el Casal de la Pau y entró en el Mili KK de Sants y, desde ahí, acabó llevando las cuentas de la coordinadora de Mili KK —entre otros—. En 1994 se vinculó a la Liga Comunista Revolucionaria, donde fue descubierto por antiguos compañeros de colegio. Este hecho no lo hizo desaparecer; al contrario, se trasladó a València, donde se infiltró en los Grupos de Resistencia Antifascista Primero de Octubre (GRAPO). En 2009 José Alberto fue nombrado inspector y, actualmente, es común verlo dando talleres y charlas de formación para detectives, donde aparece como profesor de Técnicas de Investigación en la Escuela Nacional de Policía y/o inspector jefe de la Sección de Ingeniería e Informática Forense de la Policía Científica.[17]

El año 1992 fué un año clave en el Estado español: las Olimpiadas en Barcelona, Madrid nombrada Ciudad Cultural

---

16 Publicado por El Temps, núm 41, 17-6-1996.
17 https://www.redseguridad.com/asi-fue-eventos-redseguridad/investigacion-forense-clave-frente-al-aumento-del-cibercrimen-congreso-ondata-de-informatica-forense-y-ciberseguridad-2021_20220201.html

Europea y la Expo de Sevilla. La necesidad de demostrar que la paz existía convirtió los años previos en un periodo de fuerte represión, que se saldó con cientos de personas detenidas, torturadas y judicializadas. Quizás la operación más conocida de esta época fue la Operación Garzón, dirigida contra el independentismo catalán. En el periodo de postrepresión del '92, los principales movimientos sociales que continúan creciendo y evolucionando son los antimilitaristas.

En 1993, se licenció Ángel A. F.[18], quien, bajo la identidad de Ángel Grandes Herreros (aunque en alguna ocasión se presentó como Ángel Gerardo Herrero), se infiltró en el movimiento libertario de Barcelona entre 1993 y 1996. Durante su infiltración, participó de grupos y movimientos como Kau Subversiu, Brigada Universitaria de Chiapas, colectivo antimilitarista proinsumisión (CAMPI), Assemblea de Okupes de Barcelona, Ateneu Popular 9B, Resistencia Roja y Prou Presons, entre otros.

En una visita a Chiapas, en calidad de militante solidario, fue detenido junto a otros cooperantes, aunque, tras una hora en comisaría, fue sorprendentemente liberado. Angel usó su estancia en Chiapas para acercarse a movimientos antimilitaristas y, de allí, a los entornos okupas que nacían en la ciudad. Las personas que militaron con él lo describen como una persona que tenía mucha prisa por entrar en muchos sitios. Decía estar en la universidad pero no encontraron su matricula. Se pasó rápidamente de entornos anarquistas a comunistas e independentistas, etc., despertando las dudas entre sus entornos. En 1996, de camino a la manifestación de solidaridad con Itoiz, pidieron a todas las personas del autobús sus nombres y apellidos, lo que permitió comprobar que Ángel no constaba en la Seguridad Social. Tras todas las sospechas e interrogantes, Angel abandona Barcelona y es trasladado a Donosti (Gipuzkoa). Las personas que convivieron con él

---

18 Nombre publicado por varios medios de comunicación entre ellos Interviu. https://www.nodo50.org/mujeresred/maica.html

en Barcelona crearon un dosier donde se destapaba a él y a otros, cuyos 100 ejemplares pasaron de mano en mano por toda la península. Posteriormente, esas mismas personas sufrieron diversos casos de represión que, ellas consideran, estaban ligados a la publicación del dosier.

El 19 de mayo de 2000, en una visita a su casa en Vallecas, asesinó a su pareja, Mayka Pérez Márquez, a quien maltrataba desde el inicio de la relación. Mayka murió de dos disparos de un arma sin número de serie. Este caso sigue contando oficialmente como un suicidio. A pesar de los esfuerzos de la familia, vecinas y amigas de llevar a juicio a Ángel, el caso fue suspendido por motivos de «seguridad» del estado.

Alrededor del año 2000, aparece en los movimientos sociales asturianos Nel, nombre bajo el cual se infiltró José Manuel I. R.[19], policía nacional licenciado en 1996. Entre 1996 y 2000 se sospecha que estuvo destinado en Bilbao, pero no se tienen muchos datos al respecto. Apareció en entornos nacionalistas de izquierdas y entró en Andecha Mocedá, el movimiento antiglobalización (MAGA), el ateneo libertario y, en 2001, en la CSI (Corriente Sindical de Izquierdas). Asistió a muchas manifestaciones del movimiento obrero, y su infiltración se enmarcó en las luchas de Naval Xixón, donde hablaba en asturiano. En 2001, realizó un viaje a Barcelona con muchos militantes contra la reunión del Banco Mundial (25 de junio). Durante esas manifestaciones, sus acompañantes lo describieron como el prototipo de agente provocador: era el primero en liarla, tirar cócteles molotov y arramblar con los escaparates. Su última aparición fue en una asamblea de la MAGA en Uvieu, a finales de mayo de 2002, donde moderó una reunión y un vecino de su pueblo lo reconoció. Aparentemente, José Manuel desapareció. En paralelo, el conflicto en Naval Xixón se recrudeció y fueron constantes los piquetes y manifestaciones. Cándido González Carnero

---

19   Publicado por la Revista KaleGorria en 2001.

y Juan Manuel Martínez Morala, secretario general y exse-
cretario de la csi, uno de los sindicatos más combativos del
conflicto laboral en Xixón, fueron llamados a juicio acusados
de destrozos. Ambos fueron declarados culpables y conde-
nados a más de tres años de cárcel. Durante el juicio, sus
pruebas y testigos no fueron aceptados, pero sí lo fue la declaración de un agente que decía no conocerles: José Manuel
Iglesias Romero, cuya declaración fue clave en su condena.
Reconociendo a Nel, los sindicalistas pusieron una querella
en los juzgados de Xixón para invalidar su testimonio, pero
no fue admitida a trámite. Los dos sindicalistas acabaron
entrando en prisión a causa de la declaración de Nel, un infiltrado entre sus filas con el cual habían realizado el viaje a
Barcelona. El Estado dio así un golpe «ejemplificador» contra
dos figuras clave de la resistencia asturiana, en quienes se
basó la película *Los lunes al sol* (2002), dirigida por Fernando
León de Aranoa.

También a inicios de los 2000 el movimiento antimilitarista realizó una acción sorpresa en la base militar de la otan
en Bétera (València), un llamamiento a la desobediencia ante
la guerra. En esta acción destacó un personaje con peluca de
payaso a quien mucha gente acusó de fastidiar dicha acción.
Este personaje respondía al nombre de David García Martín
y llevaba un tiempo infiltrado en el Laboratorio de Lavapiés,
desde dónde había accedido a colectivos de apoyo a la lucha
zapatista, el Espacio Horizontal, el foro social transatlántico
y diversos espacios antiglobalización y antimilitaristas. Llegó
a viajar incluso a Génova en 2001 a las protestas contra el G8
donde la policía asesinó a Carlo Giuliani. David desapareció
después del fracaso de Bétera y fue reconocido tiempo después al salir en televisión realizando una detención.

En marzo del 2025 Daniel Campos, exdirector de
Comunicación del Ministerio de Interior publicó un libro
explicando su historia. En él usa el supuesto seudónimo de
Alfonso como posible nombre real del infiltrado. Daniel ha

ido soltando pequeños detalles, pensando que no tenían importancia, en diversas entrevistas para promocionar su libro. De esta forma ha acabado dejando al descubierto que David es Alfonso C. C.[20] quien trabaja de inspector en la Comisaría General de Información y está especializado en "análisis forense digital".

En este libro, al igual que ha pasado con la película de la Infiltrada, se intenta hacer ver a la población que los infiltrados no responden órdenes directas ni están completamente controlados. Nuestras experiencias nos demuestran que no es así. No nos parece casual que en medio de todas nuestras denuncias aparezcan panfletos que limpien, o intenten limpiar, la imagen del Ministerio desvinculándolo de la Comisaría General de Información. Pero entre toda la publicidad ellos mismos sueltan datos que nos permiten saber más sobre su funcionamiento. Por ejemplo, en el libro de Daniel se explica cómo a Alfonso (infiltrado como David) en su paso formativo por la CGI se le da un panfleto que le da consejos sobre como infiltrarse. Sabemos que en UK este panfleto-manual existe y ha sido publicado por las compañeras del norte[21], el libro nos hace pensar que el funcionamiento aquí puede ser similar.

Fernando P. L.[22] se licenció en 1997 (aunque algunos textos del momento indican que era guardia civil) y poco después empezó a aparecer por movimientos sociales madrileños, frecuentando colectivos como Cruz Negra, AFAPP (organización de familiares de presos del PCEr), la CNT y movimientos anarquistas. Decía ser de Martorell, y para entrar en los colectivos madrileños contó con un pasado okupa en Barcelona. Fernando llegó a invitar a miembros de la AFAPP a la casa de su «supuesta» madre en la calle Gipuzkoa de Barcelona. En julio de 2002 desapareció. Su infiltración se

20   https://tuit.cat/umLj4
21   Enlace al manual que utilizaba la policía en UK :https://specialbranch-files.uk/sds-tradecraft-manual/
22   Publicado por Periodico CNT, número 283. Octubre 2002.

asoció a la detención de 14 personas acusadas de terrorismo, ordenada por el juez Guillermo Ruiz de Polanco. Durante los juicios, las abogadas preguntaron por él, pero nadie parecía saber nada sobre este individuo.

El caso más reciente conocido hasta 2023 es el del policía Luis C. P.[23], licenciado en Ávila en 2009. Bajo la identidad de Luis García Torres, un joven de 26 años, se infiltró en el movimiento del 15M en Sevilla. Desde allí, pasó a movimientos libertarios (Banderas Negras y el Centro Social La Huelga) y participó en la huelga general del 29M. Durante esa jornada de lucha, registran a un grupo de personas y a él dentro en una furgoneta antidisturbios. Al salir, todavía conservaba en su poder todo el material que llevaba; no le habían confiscado nada. Este hecho se sumó a las sospechas que las compañeras tenían de él. Al ser nacido en Sevilla no fué dificil estirar del hilo, por eso solo duró 11 meses infiltrado. Su identidad fue revelada cuando una expareja lo reconoció como la persona que estudiaba para las oposiciones de policía. Ante el cúmulo de pruebas, varias compañeras invitaron a ir con él a su casa, en un lugar desconocido. De camino, se encontraron con un control policial. Los agentes dijeron que Luis estaba en busca y captura y se lo llevaron a comisaría. No se volvió a saber nada de él.

Existen datos y publicaciones sobre otros infiltrados, pero las supuestas identidades reales de estos no han podido ser contrastadas, ni con imágenes, ni en el BOE, ni con DNIS.

Pedro P. G. (Pedrito Anarka) estuvo infiltrado en Madrid a partir de 1992 en movimientos antiglobalización, la red zapatista (RAZ) y en encuentros y foros contra el neoliberalismo (Madrid y Zaragoza). El 15 de marzo de 2002, la asamblea de Nodo50, a través del proyecto «Vigilando al vigilante», publicó que su correo electrónico se había conectado desde la IP de una comisaría. Pedro prometió dar explicaciones, pero

---

23   Publicado por: https://elbecarioenbici.blogspot.com/2012/06/la-policia-nacional-ha-decidido-no.html

desapareció. En alguna publicación aparece Manuel B. Á. como su posible nombre real, y se dice que lo vieron entrar en la sede de la Comisaría General de Información en Moratalaz.

Como ya hemos visto en los casos de Euskal Herria, no todos los infiltrados son policías. Además, a veces, también encontramos topos o chivatos en los movimientos sociales. Estas figuras pueden llegar a hacer mucho daño en el seno de los espacios dónde militan.

Uno de los ejemplos más conocidos es el de Joaquín Gambín Hernández. Gambín era un delincuente común que quedó en libertad gracias a la amnistía de 1977 en Murcia. En la cárcel, había realizado algunas huelgas de hambre, lo que le facilitó relaciones con entornos anarquistas. Con 45 años, se dejó convencer por José Maria Escudero Rejada (de la brigada central de información) para viajar a Barcelona, a cambio de una buena suma económica. Bajo las órdenes del comisario Manuel Gómez Sandoval, se infiltró en el movimiento anarquista de los años setenta. Fue el principal impulsor del incendio en la sala Scala de Barcelona (enero de 1978), donde murieron cuatro personas y del que se intentó acusar a la CNT. Este episodio pretendía usarse para aislar y desprestigiar a una CNT en auge a finales de los setenta.

Fuera del marco político del Estado español, en UK, en 2010 se descubrió que Mark Stone, el militante con el que habían compartido vida, luchas y asambleas, era en realidad un policía infiltrado llamado Mark Kennedy. Este hallazgo llevó a las personas afectadas a tirar del hilo de su historia. Después de años de lucha, investigaciones y pasos por los tribunales, se conocen más de 150 infiltrados en movimientos sociales y políticos de UK. Las infiltraciones en movimientos políticos comenzaron en 1968, ligadas a las protestas contra la guerra de Vietnam, el mismo año en que en el Estado español se redactaba la Ley de Secretos Oficiales, que dio carta blanca a este tipo de prácticas. En la actualidad, en UK, se están abriendo expedientes que arrojan algo de luz sobre estas actividades y permiten a las personas afectadas encontrar algún tipo de respuesta. Estos descubrimientos también les han permitido entender que los infiltrados casi siempre desaparecen cuando aparece otro agente en esos mismos espacios y, que el presupuesto por agente, incluyendo gastos y sueldo, ronda el cuarto de millón de libras al año.

Los datos que conocemos hasta ahora nos permiten pensar que en el Estado español el funcionamiento podría ser similar.

En los últimos 30 años, fácilmente podemos hablar de casi una veintena de policías nacionales confirmados que se han infiltrado en movimientos sociales y políticos en el Estado español. Y estamos convencidas de que estos casos son solo una pequeña muestra de una realidad mucho más amplia. Una realidad que, desde la Brigada de Información Social de Primo de Rivera hasta la Comisaría General de Información, traza una línea continua que pasa por Conesa y la brigada político-social del SIPM franquista. A lo largo de los años, esta línea ha experimentado modificaciones en nombres, estéticas y algunos cambios legales. Sin embargo, el principio sigue siendo el mismo: el Estado actúa amparado por la Ley de Secretos Oficiales y dispone de fondos reservados para mapear, controlar y atacar cualquier disidencia político-social.

Como veremos en el capítulo siguiente, donde se detallan las infiltraciones descubiertas en los últimos tres años, las diferencias entre los casos pasados y los recientes no son tantas. Personas con identidades falsas, DNI, seguridad social, nóminas, que les permiten «entrar» en determinados espacios bajo el amparo de una estrategia estatal bien orquestada. Pero, como ha ocurrido en otras ocasiones, a veces cometen errores que permiten arrojar pequeños rayos de luz sobre cómo operan estas «sombras del Estado».

CAPÍTULO 2

Infiltraciones destapadas desde el 2022 Una historia breve de cada infiltración

Sabíamos que militar en ciertos espacios o asistir a determinadas asambleas podía exponernos a compartir lugar con policías infiltrados. Lo que no imaginábamos era que la figura del «agente de inteligencia» operaba sin ninguna línea roja en su trabajo. Drogas, acciones violentas, relaciones interpersonales, sexuales y afectivas formaban parte de sus métodos sin ningún tipo de restricción. No hubo barreras éticas ni morales que detuvieran su estrategia de manipulación. Ahora, con cada nueva revelación, la pregunta inevitable vuelve a surgir: si esto ha pasado antes, ¿cuántas veces más ha ocurrido sin que lo sepamos? En las próximas páginas se detallarán los distintos casos de infiltración que han sido descubiertos desde el verano de 2022 hasta el momento de elaboración de este libro[24], analizando los patrones que se repiten y la profundidad de una

---

24   Los nombres que salen a continuación fueron publicados en diversos medios de información. A continuación nombramos algunos:
• Elnacional.cat. Artículo del dia 16 de Mayo de 2024 redactado por Marta Sánchez Iranzo. https://www.elnacional.cat/ca/politica/afectats-infiltracions-policials-uneixen-en-collectiu-reparar-part-mal-causat_1217214_102.html

maquinaria que, lejos de limitarse a la vigilancia, ha llegado a insertarse en nuestras vidas de las formas más íntimas y perversas. El orden en que se presentan los casos responde al momento en que cada uno fue destapado públicamente.

José Ignacio E. G.[25]

Ignacio José «Nacho» E. G. es la identidad real de Marc Hernandez Pon, policía nacional que se infiltró en Resistim al Gòtic (asamblea de vivienda del barrio Gótico de Barcelona) y, posteriormente, también en el Casal Popular Lina Ódena y el Sindicat d'Estudiants dels Països Catalans. Decía ser de Mallorca y tener 29 años, pero en realidad era de Menorca y tenía dos o tres años más.

Se presentó en la asamblea abierta de Resistim al Gòtic durante el desconfinamiento, en la primera que se realizaba en la calle tras el confinamiento por la COVID-19. Contaba que se había trasladado ese año a Barcelona para estudiar y que quería comenzar a militar en el movimiento por la vivienda en su nuevo barrio. Según decía, alquilaba un piso pequeño donde vivía solo, en la calle Montanyans 4 de Barcelona. Su identidad en redes sociales (Twitter e Instagram) había sido creada cinco meses antes, en febrero de 2020.

Durante su militancia en Resistim al Gòtic, asumió algunas responsabilidades en las comisiones de casos, pero no era de los más activos. En ocasiones se escaqueaba o no aportaba lo que se esperaría de un estudiante con un perfil activista. Participaba en las acciones como el resto (parar desahucios, okupación de pisos, escraches y acciones en sedes de inmobiliarias, etc.), pero no asumía un papel relevante en la organización. Más bien, era un militante de

---

• Vila web. https://www.vilaweb.cat/noticies/afectats-infiltracions-policiaques-collectiu/
25 https://tuit.cat/eW3qg

bulto: fallaba poco, pero su peso y participación en las decisiones eran limitados. Tampoco destacaba por su perfil político; nunca mostró interés en debates más allá de los meramente organizativos.

Sí mostraba cierto interés en participar en reuniones con otros colectivos de vivienda de la ciudad, en grupos de trabajo o en campañas coordinadas, como la primera que se organizó contra la feria de especulación inmobiliaria The District en Barcelona (2022). Es probable que utilizara estos espacios de visibilidad para darse a conocer y validarse como activista, ganando credibilidad para acceder a organizaciones políticas más verticales. A través de un amigo de la universidad, comenzó a militar en el Casal Popular Lina Ódena, un espacio compuesto, en su mayoría, por jóvenes del entorno de la izquierda independentista. También accede al Sindicat d'Estudiants dels Països Catalans e intentó unirse a la organización política Endavant, de la izquierda independentista, pero no llegó a hacerlo antes de que se descubriera su infiltración.

En los espacios informales, se medía bastante. Podía quedarse a tomar una cerveza después de la asamblea, pero rara vez llegaba a la segunda. Asistió a alguna celebración de cumpleaños personal, pero sin desarrollar relaciones de amistad profundas. Aun así, las personas que más se sintieron heridas cuando se descubrió la infiltración fueron aquellas con quienes trabajó en las comisiones de casos. En estas comisiones se comparten situaciones y detalles muy íntimos, y la gente que participaba (mayoritariamente perfiles no activistas con situaciones vitales complejas) se sintió especialmente traicionada.

Cuando estaba en Barcelona, no trabajaba. Decía que en verano trabajaba en hostelería y que con eso podía mantenerse todo el año, algo que no despertó sospechas en su momento, a pesar de los elevados precios de los pisos en Barcelona. Lo único que llamó la atención fue su edad en

relación con sus estudios y el hecho de que hubiera apareci-
do de la nada. En alguna ocasión se bromeó con la posibilidad
de que fuera un policía infiltrado, pero no se le dio mayor
importancia. A pesar de conocer otros casos, realmente no
se pensó que algo así pudiera ocurrir, ni se notó ninguna
señal que hiciera sospechar seriamente. En aquel momento,
en Barcelona había muchos jóvenes de Baleares que venían
a estudiar y se implicaban en los movimientos sociales.

No se sabe si se vacunó contra la COVID-19, pero sí utilizó
a una persona del espacio para obtener certificados vacu-
nales falsos con el fin, según él, de poder volver a Mallorca.

Cuando se descubrió su identidad falsa, «Marc» llevaba algún tiempo fuera de Barcelona, supuestamente en
Mallorca, cuidando de su padre, quien —decía— padecía
cáncer. Poco antes de su destape en la prensa, su piso fue
desmantelado. Mantuvo su cuenta de WhatsApp activa por
un tiempo y llegó a publicar mensajes desde su verdadero
perfil de Facebook haciendo alarde de la infiltración.

Daniel H. P.[26]

Daniel H. P. aparece por primera vez a principios de junio de
2020, acercándose al gimnasio autogestionado del Centro
Social Okupado La Cinètika, en el barrio de Sant Andreu
de Barcelona. Dice llamarse Dani, Daniel Hernández Pons.
Según explica, lleva poco tiempo en la ciudad, viene de
Mallorca y ha encontrado el gimnasio buscando espacios
autogestionados por internet. Quiere empezar a entrenar
artes marciales y conocer gente. Rápidamente inicia relaciones con varias personas que frecuentan el gimnasio y queda
después para tomar algo y seguir conociéndose en lugares
habituales del entorno militante del barrio. Allí fortalece
sus vínculos y comienza a verse con algunas personas con

---

26   https://tuit.cat/fNOeS

frecuencia, lazos que consolida a través de su participación constante en el gimnasio y en otras actividades internas y externas, así como en eventos organizados en el espacio.

Explica que es de Mallorca y que ha venido a Barcelona porque quería un cambio de aires. De su familia, dice que su padre murió, que su madre vive en Mallorca y que todavía mantiene relación con la familia paterna, que se encuentra en un pueblo de Granada. Durante los tres años que estuvo infiltrado, se ausentó en algunas ocasiones, supuestamente para visitar a su familia en Granada (para «hacer la aceituna») y en Mallorca.

Vivía solo, en un sobreático muy pequeño, en el barrio de la Prosperitat, en Nou Barris, al lado de Sant Andreu. Explicaba que la casa era de su jefe y que se la alquilaba barata y sin contrato. La vivienda estaba descuidada, con poca decoración, y tenía una entrada extraña, con escasa seguridad (parecía una puerta interior). No tenía telefonillo y tenía que bajar a abrir directamente. Justificaba la precariedad de la casa diciendo que habían hecho esas modificaciones para utilizarla como un Airbnb. Estas circunstancias podrían indicar que se trataba de una vivienda protegida de alguna manera por la Policía y que se utilizaba para fines concretos.

Decía trabajar en una empresa de montaje de aires acondicionados (posteriormente se verificó que esta empresa había sido creada para justificar su historia). Cuando se hablaba con él sobre especificidades de ese trabajo, desconocía las cosas más básicas. Se justificaba explicando que solo hacía lo que le decía el jefe y que sus funciones eran más bien de ayudante. Sorprendía que siempre tuviera tiempo y dinero para salir de fiesta, incluso entre semana, hecho que justificaba diciendo que no trabajaba todos los días (alegando precariedad e inestabilidad) o que iba al trabajo sin dormir.

Como pasatiempos, decía disfrutar de los videojuegos y la informática, y que se dedicaba a pintar y decorar zapatillas deportivas. Le gustaba salir de fiesta y consumir alcohol y drogas (principalmente pastillas y MDMA), pero dependía de con quién estuviera: modulaba su actitud según la persona, utilizándolo como una estrategia camaleónica para vincularse a través de las preferencias de su entorno.

Tenía una actitud agradable y bromista de manera constante, evitaba los conflictos e intentaba agradar a las personas con las que se relacionaba. Siempre estaba de buen humor y se ofrecía voluntario para realizar tareas básicas y logísticas del espacio.

Empezó a formar parte de un grupo de gente ya consolidado, con el que frecuentaba fiestas, conciertos y, en general, el entorno social y de ocio que se generaba alrededor de los espacios del movimiento autónomo, libertario y anarquista. Es en estos ambientes donde tiene sus primeras relaciones sexoafectivas, de carácter esporádico, que le sirven para consolidar su papel en lo social. A través del contacto casi diario, fortalece los vínculos de amistad con varias personas de este grupo.

En diciembre de 2020 inicia una relación con una militante de La Cinètika, que se mantendrá durante un año. Esta relación le permite establecerse con más confianza socialmente y acceder a una esfera más íntima de las relaciones de esta persona.

Participaba en asambleas abiertas del espacio, en el grupo de masculinidades y en algunos grupos de trabajo relacionados con la creación de protocolos de género. También participó en el abordaje de situaciones represivas en el barrio con otras entidades y colectivos, en la Coordinadora Antirepresiva de Sant Andreu. En La Cinètika, llegó a formar parte de un proyecto de proyección de cine. Gracias a su participación en este proyecto, accedió a claves de correo electrónico, a la lista de correo interno del espacio y a las llaves del espacio. Aunque tenía acceso a la gestión de La Cinètika, no era una persona politizada. Apoyaba causas sociales, anticapitalistas y antifascistas, pero no era capaz de mantener conversaciones con contenido político más allá de repetir consignas básicas. Se interesaba más por el entorno social, los rumores y los cotilleos.

Durante el año 2021, se hizo varios tatuajes grandes y visibles con simbología frecuente en estos ambientes (como el símbolo del caos) y fortalecía mucho su cuerpo en el gimnasio. En agosto de mismo año, hizo un viaje a Mallorca con su pareja. Él fue unos días antes y la recibió en el aeropuerto. En ese viaje, intentó que ella conociera a su madre, pero esta se negó, lo que provocó en él un visible enfado. Sí le presentó a un supuesto amigo que les dejó la casa donde se alojaban en Montuïri. Meses después, la relación terminó y él comenzó a adoptar un discurso victimizador, buscando apoyo en su entorno e intentando provocar conflictos y rupturas con ella, afianzando otras relaciones a través de su malestar.

Paralelamente a esta ruptura, se creó un perfil en la aplicación de citas OkCupid.[27] Este hecho le permitió conocer gente fuera de sus círculos sin necesidad de hacer el esfuerzo de expandirse por diferentes ambientes y barrios de la ciudad. Posteriormente, al contrastar la información que tenían las distintas personas con las que mantuvo relaciones (más de doce mujeres que conocemos), se comprobó que proporcionaba datos diferentes a cada una sobre el tipo de relación o relaciones que mantenía. También se identificaron características comunes en su comportamiento: baja conflictividad, discurso victimizador, adaptabilidad y mimetización con la persona con la que estaba en cada momento, flirteo constante y, al mismo tiempo, intermitencia y ausencias recurrentes.

---

27   Una aplicación de citas comúnmente frecuentada por personas de entornos políticos y activistas, caracterizada por ofrecer un entorno más seguro y orientado a la compatibilidad ideológica, en contraste con otras aplicaciones de citas más generalistas como Tinder.

Fue a través de las relaciones que estableció, tanto con sus amigos como con las mujeres con las que estuvo, que accedió a un amplio y diverso espectro de información, espacios y organizaciones, como cso La Cinètika, Ateneu Llibertari del Palomar, CGT, Sindicats d'Habitatge, asambleas antirrepresivas y manifestaciones, entre otros.

Durante 2022 mantuvo su círculo de amigos y su presencia en el movimiento. Realizó otros viajes con colegas y militantes de La Cinètika, lo que le permitió acceder a espacios militantes y conocer personas de otros territorios (País Vasco, Madrid). Inició una nueva relación más estable y comenzó a insinuar que podría trasladarse a vivir a Granada con ella. Tras el verano, en el que afirmó haber estado de vacaciones en Madrid y Bruselas, comunicó a su entorno su intención de marcharse de la ciudad por un tiempo para buscar trabajo, con la idea inicial de regresar a Mallorca, lo que finalmente ocurrió a finales de octubre. A partir de ese momento, mantuvo comunicaciones intermitentes con su círculo social, proporcionando versiones diferentes a cada persona.

Cuando en junio de 2022 se destapó la infiltración de Ignacio José «Marc», se identificaron patrones similares y una gran coincidencia con su caso. Marc contaba a sus compañeras que tenía un hermano en la ciudad con el que no tenía relación; además, los apellidos de Marc y Dani coincidían. Esto, sumado a la extraña manera en que se marchó y a las contradicciones en la información que proporcionaba a su círculo, llevó que se iniciara una investigación y se contactara con *La Directa*. Así se demostró que pertenecía a la misma promoción de policías nacionales.

Se sospecha que su intención era utilizar su trayectoria en Barcelona para construir un pasado comprobable que le permitiera seguir infiltrándose en los espacios militantes de otras ciudades del Estado.

Mantuvo las comunicaciones hasta el día en que se hizo pública la infiltración.

Ramón M. F.[28]

Apareció en València en 2019 bajo el nombre de Ramón Martínez Hernàndez. Según contaba, era de Barcelona y había venido para prepararse para la prueba de acceso a la universidad para mayores de 25 años, comentando que en València era más fácil entrar. Dijo que había llegado con su pareja, pero que rompió la relación a los pocos meses. Él decidió quedarse en València, ingresó en la universidad para estudiar Trabajo Social y se mudó al barrio de Benimaclet, un barrio cercano a las universidades que cuenta con un tejido asociativo y de movimientos sociales muy activo.

No trabajaba, solo estudiaba, aunque de manera puntual, en fechas como Navidad y verano, mencionaba tener algún empleo temporal para apoyar a su padre, lo cual justificaba al subir a Cataluña. Este relato le sirvió para explicar que no tenía apenas relaciones en la ciudad y que disponía de tiempo y disposición para las numerosas militancias.

Vivía en un primer piso de una calle céntrica de casas bajas en Benimaclet, muy cerca de los espacios que frecuentábamos y de la casa de sus compañeras de militancia. Decía que compartía piso con un chico más mayor que él, con quien no mantenía demasiada relación. Nadie llegó a conocerlo, ni a encontrárselo nunca, ni en su casa ni por el barrio.

No solía invitar a nadie a su casa, lo cual en ese momento se justificaba por las restricciones de la pandemia. Además, su carácter introvertido ayudaba a no levantar sospechas. No sorprendía que no fuera él quien promoviera iniciativas de ese tipo, ya que su actitud resultaba coherente con su

---

28   https://tuit.cat/poDor

personalidad. No obstante, es cierto que solo una compañera subió a su casa. La vivienda estaba bastante vacía, con algo de decoración explícitamente «de izquierdas», como alguna bandera antifascista. Era un piso pequeño, y su habitación estaba ordenada, con apuntes de la carrera y algún estante con libros.

Su militancia se extendió desde marzo de 2020 hasta septiembre de 2021, aunque llegó a València en 2019. Se sospecha que, debido a las limitaciones impuestas por la pandemia, su aparición en los círculos militantes fue posterior.

Social y políticamente, se mostraba como una persona muy solidaria, empática y preocupada por los demás. En contextos sociales, no era el tipo de persona que iniciara discursos políticos, pero sí los reafirmaba. En situaciones más íntimas, mantenía debates más profundos, lo que daba la sensación de ser una persona políticamente implicada y formada.

Comentaba que se politizó a raíz de las protestas en defensa del derecho al referéndum de independencia en Cataluña, pero sin declararse independentista. Hacía hincapié en la importancia de los movimientos sociales para cambiar las cosas, y también se mostraba solidario con las personas migrantes y sin hogar, repudiando de manera clara la represión y el fascismo.

En los colectivos en los que militaba, se ofrecía para las tareas más invisibles del día a día, lo que facilitó su incorporación a los diferentes grupos existentes en ese momento y le abrió muchas puertas en espacios autoorganizados. Su actividad militante era muy intensa: no faltaba a las asambleas, participaba en numerosos colectivos y se ofrecía para cualquier tarea, especialmente en espacios de coordinación.

A nivel personal, se mostraba respetuoso y modesto; callado, no le gustaba llamar la atención, y rehusaba celebraciones por su cumpleaños o despedidas. Se preocupaba e interesaba por los demás sin ser invasivo. Adquirió un rol de cuidador en las relaciones más cercanas que estableció, siempre atento a las necesidades y muy interesado en saber de las personas. Se preocupaba y contactaba con quienes faltaban a entrenar, por si algo les ocurría. Esto le permitió generar confianza, seguridad y establecer lazos de amistad con muchas personas. En este sentido, estableció diversos vínculos afectivos, en los cuales se compartieron cuestiones y vivencias personales íntimas. Para algunas de ellas, se convirtió en un apoyo emocional muy importante. No estableció relaciones sexo-afectivas con ninguna persona de las que se sepan, aunque parecía manifestar interés romántico hacia algunas. Este tipo de relaciones podrían haber sido un objetivo, pero o bien no tuvo éxito con la persona, o no le hizo falta, ya que consiguió establecer otro tipo de relaciones de intimidad.

La puerta de entrada a los diferentes colectivos fue la Xarxa de Suport Mutu i de Cures de Benimaclet, un espacio abierto que nació durante la pandemia para dar una respuesta comunitaria a las necesidades de las vecinas. Fue creado por dos colectivos del barrio: Cuidem Benimaclet y la Assemblea Feminista, y en él participaban personas militantes de otros colectivos, como el cso Anarquista L'Horta, espacio en el cual se dieron gran parte de los contactos y encuentros de las asambleas en las que participó y de la red afectiva que tejió. A través de la Xarxa de Suport Mutu i Cures, mostró interés en participar en los grupos de autodefensa o en gimnasios populares, y comenzó a formar parte de un colectivo de Capoeira (Tambor Capoeira València), un espacio cultural-político de personas del barrio vinculadas al entorno militante de la ciudad. En una ocasión viajó con dos compañeras a un encuentro de Capoeira en un pueblo de València.

Esto le ayudó a vincularse con el Centro Social Okupado Anarquista L'Horta y diferentes asambleas. En el csoa Horta, entró al L'Horta Fighting Club (gimnasio popular autogestionado y asambleario), donde mostró un gran compromiso tanto en los entrenamientos como en las jornadas del espacio y en las asambleas. Se encargaba de preparar entrenamientos, algo que se valoraba muy positivamente en el grupo. Tenía ciertas habilidades en deportes de contacto que justificaba diciendo que había practicado kick boxing. Así, adquirió un rol de referencia en el grupo y pudo profundizar en las relaciones personales. Cuando surgió la posibilidad de participar en el Torneig Antiautoritari d'Arts Marcials FrontAttack en Barcelona, mostró gran interés por participar y organizó el grupo para ir al evento. Finalmente, la compañera con la que iba a viajar no pudo asistir, y él dijo que tampoco iría, aunque mencionó que subiría igualmente a ver a su familia.

Por otro lado, también se unió a Grama, un grupo del csoa que se dedicaba a repartir excedentes de comida para las vecinas del barrio durante la pandemia. Fue un espacio muy amplio, al que llegaron a sumarse muchas vecinas, y en el que Ramón fue una presencia habitual. Este colectivo comenzó a trabajar con personas vulnerables, la mayoría migrantes en situación administrativa irregular y sin alternativa habitacional, que vivían en un edificio cercano al barrio. Se organizó un pequeño grupo de apoyo, en el cual Ramón adquirió un papel de liderazgo y compromiso muy importante, generando vínculos personales fuertes tanto con las personas que habitaban el edificio como con los miembros del grupo de apoyo.

Estuvo también en Cuidem Benimaclet, un colectivo del barrio nacido en 2018, que continúa luchando contra un proyecto urbanístico en los terrenos de huerta, el Programa de Actuación Integrada (PAI). En el marco de la agitación por el inicio de este proyecto, participó en diversas acciones de resistencia: ocupación del espacio para frenar las máquinas, concentraciones, etc. Además, fue una de las personas que lideró acciones de sabotaje para derribar las vallas que se estaban instalando en los terrenos. Cabe destacar que hubo personas encausadas y judicializadas por estas acciones. Participó en la coordinadora de colectivos de asambleas de barrios Entrebarris, y en la organización de cordones de seguridad en las manifestaciones en apoyo a Pablo Hasél, o en la concentración en memoria del asesinato de Guillem Agulló. También se acercó e intentó infiltrarse en el movimiento antifascista de València.

Después de una ausencia en verano de 2021, a principios de septiembre reapareció en València y anunció a su entorno activista más cercano que había decidido regresar a Barcelona, donde explicaba que viviría con «uno de sus mejores amigos» y que continuaría estudiando Trabajo Social.

A raíz de los primeros indicios de sospecha, una de sus mejores amigas lo contactó para saber de él. Ramón le respondió cuatro días después, sin especificar demasiado su situación, y mantuvo activa su línea telefónica como infiltrado hasta diciembre de 2022.

Mavi (Maria Victoria) C. S.[29]

Mavi (Maria Victoria) C. S. es el nombre real de la policía nacional infiltrada, cuya identidad falsa era Maria Victoria L. F. (Mavi). Nació en Almería y pertenece a la promoción 36 de la Policía Nacional. Se presentó como originaria de Albolote, en Granada, y afirmaba ser teleoperadora.

Apareció por primera vez en septiembre de 2022. Inicialmente, estuvo varios meses rondando colectivos ecologistas como Extinction Rebellion (XR) y Futuro Vegetal (FV). En estos grupos, participó en diversas asambleas abiertas, incluso asistió a una reunión en casa de un militante. En FV, llegó a participar también en acciones de desobediencia civil, como el corte de la Gran Vía de Madrid. Su entrada en

---

29   https://tuit.cat/0dfem

este colectivo fue gracias a su contacto con una de las militantes más activas, a quien conoció en la universidad. Por otro lado, en un principio mostró gran interés y una notable disposición. Asistió a talleres de acción no violenta y, con el tiempo, se involucró en acciones más sencillas, pensadas para gente nueva.

En Hortaleza, apareció por primera vez en noviembre de 2022, en el centro social La Animosa, donde propuso la celebración de un evento relacionado con la justicia climática. La asamblea del centro social rechazó su propuesta por diversas razones. Una semana después, Mavi comenzó a entrenar en el Gimnasio Popular de La Animosa. Según los testimonios de quienes pertenecían al Centro Social, pronto despertó sospechas, entre otras razones porque aseguraba que nunca había practicado artes marciales, algo que resultaba evidente que no era cierto, dada su forma de entrenar.

Se mostraba extrovertida y habladora. Agradable, bromista y simpática, su objetivo parecía ser caer bien a todo el mundo. En cuanto a su perfil militante, su nivel político era muy bajo, incluso nulo. No participaba en debates y, al no estar demasiado politizada, preguntaba e indagaba sobre las luchas y proyectos. También mostraba interés por las experiencias de sus compañeros en luchas de otros territorios, buscando comprender lo que sucedía. Su escasa politización la compensaba con su actitud amable y afable, además de su completa disposición para estar en todo y participar en todo lo posible. Intentaba crear vínculos de confianza rápidamente, siendo muy halagadora con todos, cambiando de opinión según con quién hablara.

Generó relaciones de compañerismo y amistad con algunas personas. Salía de fiesta con ellas, les enviaba fotos de su familia en Navidad e incluso mantuvo un par de relaciones sexoafectivas esporádicas.

Su reacción tras la publicación del segundo caso en *La Directa* (el de Dani) fue casi desaparecer. Comenzó a faltar con la misma frecuencia a los entrenamientos, empezó a borrar fotos y perfiles de redes sociales, aunque se mantuvo activa, al menos, hasta el fin de semana previo a que su caso fuera destapado.

Las sospechas sobre su desaparición hicieron que algunas compañeras comenzaran a investigar su perfil falso de Instagram, creado poco antes de su infiltración. En esta red social no tenía contactos de su pasado, solo personas relacionadas con FV y XR. A través de una foto, localizaron su cuenta real en Instagram y Facebook. Además, había dicho que había estudiado en una escuela de danza en Granada, pero se comprobó que, en realidad, había sido en Almería, la ciudad natal de esta policía.

Maria I. T.[30]

Maria I. T. apareció en Girona en febrero de 2020 bajo la identidad falsa de Maria Perelló Amengual. Sin embargo, debido al confinamiento por la pandemia de COVID-19, no fue hasta principios de mayo de 2020 cuando comenzó a establecer sus primeras relaciones y a construir sus amistades, que pronto utilizaría para infiltrarse en los espacios de militancia.

Explicaba que había llegado a la ciudad para estudiar en la academia privada «Aurea Formació», con la intención de presentarse a la prueba de acceso a la universidad para mayores de 25 años y, más adelante, cursar el grado de Educación Social en la Universitat de Girona, para trabajar en este ámbito como su madre, quien desempeñaba su labor en un Centre Residencial d'Acció Educativa (CRAE). También mencionaba a su hermano, a su padre y a un grupo de amigas en Mallorca, su ciudad natal y lugar de residencia habitual. Fue en la universidad donde conoció a una

---

30 https://tuit.cat/jta3A

persona y, aprovechando su condición de recién llegada a la ciudad, comenzó a tejer una red de relaciones sociales. A través de estas, creó vínculos afectivos con personas vinculadas a los movimientos sociales y políticos, con quienes compartiría numerosos espacios de socialización y, con el tiempo, de militancia.

Las limitaciones impuestas por el confinamiento, que restringían la sociabilización y obligaban a relacionarse en grupos pequeños, junto al deseo de formar parte de estos, facilitaron la oportunidad de generar vínculos profundos. Rápidamente, se establecieron relaciones de amistad, e incluso inició una relación sentimental estable, que perduró a lo largo de toda su infiltración. Estos lazos le permitieron abrir puertas en los colectivos sociales y políticos de Girona y Salt.

Una anécdota curiosa ocurrió poco después de que empezara a vincularse con su entorno de confianza. Enviaba un mensaje en el que contaba que un amigo suyo de Mallorca había dejado una nota de suicidio en su casa y había desaparecido. Decía que iría a buscarlo, pero tras un encuentro para brindarle apoyo, decidió quedarse en Girona. Después, envió un mensaje diciendo que lo habían encontrado y que estaba bien. Nunca más se supo nada de este amigo.

Su implicación en espacios de militancia comenzó en junio de 2020, cuando se presentó por primera vez como voluntaria en el Espai Antiracista. Allí se integró y participó activamente en la Tancada per Drets, una lucha que reivindicaba «Pa, sostre, papers i treball» (pan, techo, papeles y trabajo) para los jóvenes migrantes que vivían en la calle, tras ser expulsados del sistema de protección de la Generalitat de Catalunya al cumplir la mayoría de edad. Por otro lado, Maria se involucró en la lucha antirracista y en el movimiento por la vivienda, infiltrándose incluso en el periodo de construcción del Sindicat per l'Habitatge de Salt. También acudía al Ateneu Salvadora Catà, un espacio autogestionado y de encuentro político-social en Girona, asistió a manifestaciones feministas, clubes de lectura, gimnasios populares, contra manifestaciones de Vox, protestas por el caso de Pablo Hasel e incluso participó en la okupación de una oficina bancaria, entre otras actividades. Además, formó parte de la campaña antirrepresiva conocida como «21 Raons». Esta campaña tuvo una gran repercusión mediática y estuvo conectada con innumerables otras campañas antirrepresivas del momento, incluidos encuentros, reuniones, manifestaciones y actos de apoyo. Llegó a asistir a reuniones entre represaliados y sus abogados.

Aunque era reservada con su vida personal, compartía su día a día con sus amistades y su pareja. Su actitud era agradable, afable e incluso cuidadosa, lo que favorecía siempre el ambiente de camaradería. En conversaciones políticas, se mostraba más reservada o inexperta, pero nunca dejaba de opinar y era la primera en proponer asistir juntas a manifestaciones, concentraciones o en ofrecerse para realizar esas tareas menos agradables de la militancia, como preparar pancartas, hacer encarteladas, vender merchandising o llevar la tesorería de los colectivos. En el ámbito social, también era la primera en organizar encuentros y actividades. Tenía la capacidad de agradar a todo el mundo, y además, sabía detectar, analizar y aprovechar las vulnerabilidades y puntos de conexión de las personas con las que se relacionaba, mostrándose amante del deporte, las compras o los perros, según la persona con la que estuviera.

Vivía en un pequeño apartamento cerca de la Universitat de Girona, que usaba con frecuencia como punto de encuentro con sus vínculos, convirtiéndolo en un espacio de convivencia.

Maria, como muchos estudiantes, viajaba con regularidad a Mallorca para visitar a su familia y amigos, pero en más de una ocasión tuvo que sortear las visitas de personas cercanas en Girona, utilizando excusas como, por ejemplo, haber dado positivo en coronavirus.

En el verano de 2020, su entorno organizó un viaje con ella a Mallorca. Inicialmente, propuso alojarse en su casa, pero una semana antes del viaje, se excusó diciendo que toda su familia, excepto ella, había dado positivo en COVID-19 y no podían recibirles en su hogar. A pesar de ello, decidieron ir igualmente, y ella organizó una ruta para cada día, asegurándose de estar en lugares seguros para ella. Una de las noches, Maria les propuso verse y dormir juntas en una cala. Aunque se sugirió ir a buscarla a su casa, insistió en que se encontraba a solo 10 minutos a pie de allí. Pasaron la noche juntas y ella se fue al día siguiente.

Un año después, en agosto de 2021, algunas personas de su entorno volvieron a Mallorca, y aunque Maria se excusó con el trabajo para no estar muy disponible, organizó una fiesta en un barco del club náutico donde supuestamente trabajaba. En esa fiesta presentó a una amiga, Maria del Mar, quien resultó ser amiga de la infancia. También les proporcionó la ubicación real de su casa familiar, donde conocieron a su madre, Bárbara T. S., quien también fue verificada como una persona real. Ella participó activamente para reforzar la coartada de su hija, aunque se desconoce si su participación fue formalizada o remunerada, dado que no es funcionaria pública, sino una civil que ejerce de Educadora Social en Mallorca. La ubicación de la casa estaba muy lejos de la primera playa en la que se había encontrado con su entorno durante el primer viaje.

La salida de Maria fue progresiva, y todo apunta a que comenzó su plan de escape poco después de que se destaparan los primeros casos de infiltraciones. En septiembre de 2021, explicó, muy afectada, que su padre estaba enfermo de cáncer y debía comenzar el tratamiento. Aumentaron sus viajes entre Girona y Mallorca, y aunque todo parecía mejorar poco a poco, en mayo de 2022 explicó que la situación de su padre se había agravado y que debía trasladarse a Madrid para permanecer con él mientras recibía un tratamiento muy agresivo. Durante este tiempo, no aceptó visitas ni videollamadas de su entorno. Aunque estuvo ausente físicamente durante un largo período, seguía manteniendo contacto con su entorno cercano. Continuaba conectada a la campaña 21 Raons y dejaba abierta la posibilidad de un retorno cuando la situación mejorara.

El uso de la enfermedad de su padre le permitió no ser cuestionada por su rápida e inexplicable desaparición, proporcionándole espacio, tiempo y comprensión. Sin embargo, pronto comenzaron a surgir sospechas debido a sus explicaciones contradictorias y a su negativa a mantener encuentros físicos. Ya se habían destapado más infiltraciones, también provenientes de las Islas Baleares, y su entorno comenzó a investigar, esperando corroborar que Maria era quien decía ser. Pero no encontraron nada relacionado con esta supuesta identidad, como si Maria Perelló Amengual nunca hubiera existido. Una oportunidad se presentó para que una persona se acercara a su domicilio en busca de respuestas. Esta persona no encontró a Maria, pero sí a una vecina que reveló su verdadera identidad, mencionando su nombre real y profesión: agente del Cuerpo Nacional de Policía.

Ante esta revelación, se comprobó que Maria I. T. formaba parte de la 33.ª promoción del Cuerpo Nacional de Policía española, habiéndose formado en la escuela de policía de Ávila entre 2017 y 2018, junto a Ignacio José E. G., Daniel H. P. y Ramón M. F., tres infiltrados previamente destapados por *La Directa* en el activismo de Barcelona y València. Ya no había dudas: Maria Perelló Amengual era, en realidad, Maria I. T., funcionaria del Cuerpo Nacional de Policía española.

Sergio G. A.[31]

Sergio G. A. es la identidad real del policía nacional que se infiltra en Distrito 14, colectivo juvenil del barrio de Moratalaz, creado a finales de 2012 y disuelto en 2022, y, posteriormente, en el Movimiento Antirrepresivo de Madrid (MAR). Aseguraba ser originario de A Coruña, pero en realidad provenía de Santiago. Nació el 17 de agosto de 1989.

Su primera aparición se produce en julio de 2014, en el Banco de Alimentos de Moratalaz, un espacio creado y gestionado por Distrito 14, totalmente abierto al público. Los meses que pasa en este lugar le sirven como aval para integrarse sin problemas al colectivo. Al comienzo, las razones que alegaba para mudarse a Madrid eran la falta de trabajo en Galicia y que su tío residía en Madrid, en Menéndez Pelayo, donde podría alojarse. Sin embargo, nadie nunca estuvo en esa casa. Decía haber estudiado una formación profesional en mecánica o algo similar. En ese mismo verano, crea las redes sociales (Facebook y Twitter) de su identidad falsa: Sergio Manuel Botana Fernández.

En marzo de 2015, Sergio da el salto definitivo y empieza a militar en Distrito 14. Durante varios años, forma parte de este colectivo, generando redes de confianza, amistades e incluso una relación de pareja con una militante del grupo, con la que estuvo durante cuatro años. También compartió piso durante varios años con otros militantes, incluida su compañera. A lo largo de varios meses, trabajó con su identidad falsa en una cadena hostelera junto a otra compañera militante, con el objetivo de obtener información y seguir tejiendo su red de confianza y consolidando su vida paralela. También trabajó de conserje en unos pisos tutelados, empleo que consiguió nuevamente a través de la misma

---

31   https://tuit.cat/lmYjT

compañera, probablemente para disipar cualquier duda que pudieran tener sobre él.

El perfil político de Sergio como militante tiene dos facetas. En cuanto a su implicación en debates y discusiones, rara vez intervenía y siempre evitaba la polémica, destacando por ser considerado «la voz de la sensatez» en las asambleas. No obstante, como militante activo, su participación se destacó por su disposición a realizar tareas poco reconocidas, esas en las que nadie quiere involucrarse, como imprimir panfletos o alquilar furgonetas.

Aunque poseía todos los carnés de conducir, no tenía vehículo, o al menos no uno que utilizase en su papel de infiltrado. Se fue a Galicia unos días antes de que comenzara el confinamiento por el COVID-19. En ningún momento se verificó si se vacunó usando su identidad falsa, aunque probablemente no lo hiciera.

Este infiltrado participó en numerosos actos, asambleas, reuniones, actividades y manifestaciones. Entre los eventos más destacados, se incluye su presencia en Barcelona, el 1 de octubre de 2017, cuando subió junto a los militantes de Distrito 14 a defender un colegio electoral durante el referéndum de independencia. Curiosamente, a ese colegio no acudió la policía. También participó en charlas en La Molinera de Valladolid y en Barcelona, en manifestaciones por la libertad de Pablo Hasel, en encierros de la Plataforma de Afectadas por la Hipoteca (PAH) en sucursales bancarias, en desahucios, entre otros. En 2019, finalizó el grado en Derecho en la Universidad Nacional de Educación a Distancia (UNED) con su identidad real, y ese mismo año se presentó a las oposiciones internas para ser inspector de policía, aunque no logró aprobarlas.

En el verano de 2020, abandonó el piso en el que vivía con otro compañero militante, avisando a tres días de finalizar el mes, recogió sus pertenencias cuando su compañero no estaba y explicó que se mudaría con unos amigos a La

Elipa, un barrio cercano a Moratalaz. Aunque comenzó a desvincularse de Distrito 104 a finales de 2019, su última etapa estuvo vinculada al MAR. Sorprendentemente, reapareció justo después del encarcelamiento de Pablo Hasel, bajo el pretexto de participar en las protestas. Estuvo presente en reuniones, asambleas y otros movimientos. Desde ese momento, se distanció de los colectivos en los que había estado involucrado y comunicó a las personas con las que se relacionaba que planeaba presentarse a una oposición para bombero. Se cree que, aunque ya había otros agentes infiltrados (Lucía y Juancar), estos no habían consolidado su posición en los colectivos tanto como él, lo que le permitió acceder con mayor facilidad a ciertos espacios sin levantar sospechas.

En febrero de 2021, abandonó finalmente Distrito 14 y en junio de ese mismo año dejó el MAR, organización en la que participó desde su fundación en 2018.

Desde el principio, sus acciones levantaron sospechas, no tanto por su comportamiento extraño, sino por el instinto natural de las personas al ver a alguien ajeno militando en un colectivo de barrio. No se investigó nada en profundidad, más allá de algunas búsquedas superficiales en Google, y a medida que fue creando vínculos y redes, las sospechas se fueron disipando.

Su salida o «extracción» pasó desapercibida, ya que fue abandonando la militancia poco a poco hasta que finalmente alegó cansancio y falta de tiempo para justificar su marcha, algo que es común en muchos movimientos sociales. No fue hasta la publicación de los casos en Barcelona, València, Madrid y Girona cuando se comenzaron a atar cabos y a investigar de forma más exhaustiva sobre él, reconociendo patrones comunes en los artículos relacionados. Se inició la búsqueda de vídeos y fotos de la jura en la Policía Nacional a la que podría haber asistido Sergio por fechas. Encontraron un vídeo en el que se le veía claramente la cara. Una vez confirmado que se trataba de él, se consultó el BOE para descubrir su verdadera identidad, ya que en muchos casos los infiltrados mantienen el mismo nombre en sus identidades reales y falsas. El número 3 de esa promoción se llama Sergio, y a partir de ahí, se fueron confirmando los datos.

Mantuvo activa su identidad falsa hasta que, en septiembre de 2023, se destapó su caso. Durante ese tiempo, se encontró con alguna compañera y también mantuvo activo su WhatsApp y teléfono. Se desconoce qué estuvo haciendo durante esos dos últimos años.

Lucía R. de V.[32]

Maria Lucía Rodríguez Peres fue la identidad falsa utilizada por la policía nacional Lucía R. de V. para infiltrarse en diversos colectivos y movimientos sociales de Madrid. Nació en Villena (Alicante) el 8 de agosto de 1996 y apareció por primera vez en Madrid en septiembre de 2020. Su historia ficticia decía que era originaria de Orihuela, que había llegado a Madrid a estudiar a través de la UNED y que trabajaba cuidando a una anciana. El piso donde vivía, según ella, pertenecía a una amiga de su madre, en la zona de Quevedo. Perteneció a la 34ª Promoción de la Policía Nacional, de mayo de 2020.

Para comenzar a llenar su «currículum militante», empezó a asistir a clases de defensa personal en el mismo gimnasio popular antifascista de Vallecas al que había comenzado a ir Carlos P. M. (el policía infiltrado que aparece a continuacón), pero en modalidades y horarios diferentes. Pasadas unas semanas, se acercó al colectivo juvenil Distrito 14, en Aluche. Ahí inició su militancia, lo que le permitió, entre otras cosas, asistir a reuniones como representante del colectivo en la Coordinadora Antifascista de Madrid o en

---

32 https://tuit.cat/ycErP

el MAR, además de frecuentar centros sociales en diferentes barrios de Madrid. Fue en septiembre de 2022 cuando comenzó su participación individual en el MAR, asumiendo la función de relevar a Sergio, ya extraído de su infiltración por esas fechas.

Las personas con las que coincidió aseguran que, como en la mayoría de los casos, su actitud era afable, conciliadora y agradable, pero su conocimiento político era bajo o nulo, al punto de mostrar ignorancia sobre conceptos tan comunes dentro de estos ambientes, como el significado de 1312/ACAB. También destacaba por su total disponibilidad para participar en acciones, asistir a reuniones o asistir a asambleas. En el gimnasio, además, se le reconoció por su sorprendente habilidad para pelear y ejecutar determinados movimientos.

Estableció una relación de amistad con una compañera, a la que conoció tras ser las únicas chicas en una convocatoria de un acto público. Desde entonces, ambas se reunían para acudir a manifestaciones y otros actos. Esta compañera estuvo en su casa en una ocasión.

Su salida del MAR se produjo unas semanas después de que se destapara el caso de Sergio, en septiembre de 2023. Las sospechas comenzaron a surgir cuando ambos colectivos pusieron en común la información que poseían sobre ella. Lucía alegó que la señora a la que cuidaba había sido ingresada en el hospital y que no tenía sentido seguir allí. Sin embargo, unos días después se encontró por casualidad con un compañero de Distrito 14 y, tras ello, hizo oficial también su salida de ese colectivo.

Al despedirse, comentó que tenía la sensación de que pensaban que era policía, y se ofreció a que revisaran su móvil. Sin embargo, se decidió no hacer caso de su oferta y continuar la investigación por otros medios. Un hecho que ayudó a conocer su verdadera identidad fue un Bizum que ella realizó para pagar unos gastos, en el cual aparecían las iniciales de su nombre real, lo que permitió cotejar la información en el BOE.

Carlos P. M.[33]

Carlos P. M. es la identidad real del policía nacional infiltrado en Distrito 14. Nació el 13 de junio de 1998 en Vélez-Málaga, ciudad de la provincia de Málaga. La identidad falsa que utilizó para su infiltración fue la de Juan Carlos Pérez Romero, «Juancar». Al igual que otros infiltrados, creó sus redes sociales ficticias a finales de 2020, coincidiendo con su primera aparición en Distrito 14. Unas semanas antes, se inscribió en un conocido gimnasio popular de Vallecas, con marcado carácter antifascista, lo que utilizó como aval para su inicio en la militancia en Moratalaz.

Carlos contactó a través de su Instagram falso con las redes del colectivo, mostrando su interés por militar en Distrito 14 durante su estancia en Moratalaz. Dijo que venía de Málaga para estudiar un módulo sobre frío y climatización en un centro de formación ubicado en el mismo barrio. Respecto al curso que mencionó, no se sabe si realmente lo estuviese cursando, aunque sí subió fotos suyas a Instagram en clases y haciendo prácticas. Curiosamente, otro infiltrado destapado también alegaba trabajar en el área de aire acondicionado (Daniel H. P., de Barcelona).

Se infiltró principalmente en Distrito 14, donde participó en una denuncia presentada por un pequeño empresario al que se le hicieron piquetes. Curiosamente, nunca llegó a recibirse más información sobre el caso, que fue retirada por instancias policiales. Participó en el colectivo desde finales de 2020 hasta finales de 2021, cuando, debido a un parón en la actividad, se vio «obligado» a mudarse a entornos de

---

33   https://tuit.cat/j6v6E

Vallecas, desde donde fue expulsado a mediados de 2022 por no generar suficiente confianza.

Se presentaba como una persona tímida, pero, una vez ganada la confianza, se mostraba simpático y bromista, intentando agradar a todos y evitando conflictos. Le gustaba hacer planes de fiesta y siempre se apuntaba a todos, incluso ofreciendo su casa como lugar para reunirse y beber. Su perfil como militante era similar al de otros infiltrados: bajo conocimiento político y escasa participación en debates, pero con un alto grado de implicación en las cuestiones logísticas, asistencia a asambleas y actos del colectivo, entre otros.

Sobre su casa, decía que pertenecía a su tío, quien la tenía vacía y le permitiría vivir allí mientras cursaba su formación. El asunto de «la casa de su tío» resultó ser una de las principales sospechas, ya que se encontraba a escasos 40 metros del CPK La Bankarrota, un centro social okupado en Moratalaz que era el punto de encuentro de Distrito 14. Algunas compañeras estuvieron en el piso en varias ocasiones, pues Carlos lo ofrecía habitualmente para tomar algo o acabar noches de fiesta. Les llamó la atención que el piso estaba prácticamente deshabitado y apenas amueblado, lo que daba la sensación de que estuviera desocupado.

Cuando La Bankarrota cortó el agua, Carlos se ofreció a llevar agua desde su casa en garrafas. No sabemos si no se dio cuenta de que el agua de su casa salía marrón, si lo hizo sin importarle o si simplemente no era el más astuto, pero las compañeras señalaron la anomalía. Ante esto, no supo qué responder.

Durante la investigación, se pudo contactar con el dueño del piso, quien confirmó varias de las sospechas: ni era su tío, ni lo conocía. Era su casero, al que Carlos entregó nóminas falsificadas. Un día, Carlos abandonó el piso y se lo comunicó al casero, quien se sorprendió al ver que renunció a la fianza y apenas se llevó sus pertenencias. El dueño nos contó que el estado del piso tras la salida de Carlos le llamó la atención, ya que parecía como si nadie hubiese vivido allí durante ese tiempo. Este abandono coincidió temporalmente con la extracción de Carlos de su infiltración.

La relación de confianza que fue estableciendo con los miembros del colectivo no implicó relaciones sexo-afectivas, aunque sí intentó acercarse a varias compañeras. Se integró principalmente en un grupo dentro del colectivo formado por militantes de su edad, con los que podía encajar mejor.

Tras el destape del caso de Sergio, las militantes de Distrito 14 iniciaron una investigación interna y confirmaron su verdadera identidad. Cuando el agente se dio cuenta de las sospechas que generaba, abandonó abruptamente el espacio.

Este infiltrado pertenecía a la misma promoción que Lucía R. de V., la policía infiltrada en Distrito 104 y el Movimiento Antirrepresivo de Madrid. Los números de teléfono casi idénticos también fueron clave para destaparlos. Ambos sustituyeron a Sergio G. A.: Carlos en Distrito 14 y Lucía en el MAR.

Una vez finalizada su misión de infiltrado, compró una vivienda en 2023 en Algarrobo, municipio de la provincia de Málaga.

Maria Ángeles G. A.[34]

Maria Ángeles G. A. (conocida como Marian) fue una agente de la Policía Nacional que permaneció infiltrada durante 35 años en diversos movimientos sociales y organizaciones antifascistas y antirrepresivas bajo la identidad falsa de Marta Gómez Rubio. Nació el 5 de octubre de 1962 en Aranjuez. Es el único caso de los que tratamos en el cual la ciudad

---

34   https://tuit.cat/V3jIE

natal de la infiltrada coincide con la de la identidad falsa que utilizó.

Perteneciente a la promoción del 5 de junio de 1985, fue una de las primeras 53 mujeres en ingresar a la antigua Policía Nacional, justo antes de la unificación que originó el Cuerpo Nacional de Policía. Se cree que su infiltración comenzó en 1986, marcando el inicio de una larga y compleja operación encubierta.

A lo largo de su carrera, Marian se movió por diferentes colectivos, entre ellos los de apoyo a los presos vascos, los presos del GRAPO y el PCE(r), además de centros sociales como El Laboratorio, la Coordinadora Antifascista de Madrid y Madres contra la Represión. En cada uno de estos espacios, despertó sospechas, e incluso fue expulsada en varias ocasiones, llegando a ser conocida bajo el mote de «Marta, la estupa». Sin embargo, la falta de medios para verificar sus actividades, la escasa comunicación entre los diferentes colectivos y la desconfianza mutua entre sus miembros permitieron que continuara su labor sin mayores obstáculos.

El último colectivo en el que militó fue Madres contra la represión. En este espacio, se presentó como una persona accesible y cercana, enviando fotos auténticas de su vida personal y contando historias sobre su familia. Sus compañeras la describen como una persona de trato fácil, con un gran don de gentes y una presencia impecable. Siempre evitaba los enfrentamientos internos y se hacía pasar por despistada. Aseguraba que trabajaba de forma ocasional en hostelería y en contratas de limpieza, viviendo siempre en condiciones precarias e inestables. Decía que su exmarido había sido alcohólico y que había muerto recientemente. A pesar de las sospechas que surgieron en el colectivo, sus compañeros no pudieron confirmar con certeza su identidad, y continuó operando bajo su falsa identidad. De hecho, incluso logró conseguir permisos falsificados a través de su

DNI falso para participar en manifestaciones y concentraciones, lo que la hizo aún más difícil de desenmascarar.

Ya en 2021, cuando finalmente decidieron confrontarla, usaron como excusa una reunión en la que se iba a revisar la vida laboral de cada una de ellas, para consultar con un abogado especializado en pensiones. Curiosamente, Marta fue la única que no presentó su vida laboral, argumentando que había encontrado a un abogado que ya se había encargado de ello. Pese a que en ese momento aún no tenían certeza absoluta sobre su verdadera identidad, decidieron expulsarla del colectivo. A partir de ese momento, Marta comenzó a usar su cuenta de Twitter de manera más directa, expresando abiertamente sus opiniones, que reflejaban una postura reaccionaria.

Al mantenerse en contacto a través de su teléfono móvil, fue así como «El Salto» se puso en contacto con ella antes de hacer público su caso. Su respuesta fue tajante: «Ya nada me afecta, no tengo intención de hacer una declaración y no confirmo nada».

Belén A.-R. G.[35]

Pocos meses después de graduarse en la 32.ª promoción de la Escuela de Policía de Ávila, Belén A.-R. G. se adentró en el activismo barcelonés. En octubre de 2018, participó en un acto abierto sobre estrategias de defensa desde el activismo palestino. En ese contexto, presentó su falsa identidad, Belén Hammad Gómez, a la presidenta de la Comunitat Palestina de Catalunya, diciendo tener 26 años y un interés genuino por involucrarse en el movimiento. Afirmaba ser de origen palestino por parte de padre y explicó que se había trasladado a Barcelona desde Madrid por razones laborales, trabajando como comercial.

---

35   https://tuit.cat/Cnf5H

En poco tiempo, Belén se ganó la confianza de la Comunitat Palestina de Catalunya y de la Coalició Prou Complicitat amb Israel. Se destacó como una militante comprometida, responsable y organizada, con una actitud amable y discreta que le permitió integrarse plenamente en el movimiento. Además, se involucró en la organización de eventos públicos y se mostró siempre como una persona sociable y de fácil trato.

Vivía sola en un modesto piso en la calle Llobregat de L'Hospitalet de Llobregat. Aunque pocas personas lo visitaban, se sabe que se trataba de un lugar antiguo, sin ascensor, con muebles clásicos y un ambiente sobrio.

En febrero de 2019, participó en el programa Rizoma como miembro de la Comunitat Palestina, impulsado por la entidad Novact, que ofrecía formación intensiva a jóvenes sobre liderazgo, transformación social y prevención de extremismos violentos. Durante este curso, Belén y sus compañeros se reunieron con figuras destacadas, como el fotoperiodista Jordi Borràs y un excomandante de las FARC, y realizaron visitas a L'Observatori contra l'LGTBI-fòbia, la Fundació Arrels, el Sindicat Popular de Venedors Ambulants, la redacción del periódico *La Directa*, el Centre Islàmic de Catalunya y el Casal Popular 3 Voltes Rebel. Fue en este último espacio donde estableció vínculos cercanos con algunos militantes, lo que le permitió integrarse más profundamente en la organización de izquierda independentista Endavant Nou Barris, a pesar de vivir lejos de la periferia norte de la ciudad. En septiembre de 2019, comenzó a militar en Endavant OSAN, accediendo a la documentación interna y asistiendo a encuentros nacionales de la organización.

En ese mismo otoño, durante las movilizaciones masivas contra la sentencia del Tribunal Supremo, que juzgaba a políticos catalanes por su papel en el Procés, Belén estuvo presente en todas las convocatorias, participando en protestas en el aeropuerto de Barcelona, el corte de la Jonquera, en la protesta alrededor del Camp Nou y en la jornada de barricadas de la plaza Urquinaona.

Durante su operación de infiltración, trabó amistad con diversas militantes y estuvo presente en encuentros informales y de confianza dentro de su entorno activista. Más allá de compartir las bases del anticapitalismo y la lucha por la libertad del pueblo palestino a través de su identidad falsa, propias de los espacios en los que participó, no articulaba un discurso político elaborado. Con frecuencia mencionaba viajes a Madrid para visitar a familiares y amistades, sobre todo en periodos vacacionales o fines de semana. En otras ocasiones, desaparecía durante varios días sin dar explicación alguna.

El deporte también marcó su estancia en Barcelona: formó parte del equipo de fútbol sala femenino Pony's F. S., en la izquierda del Eixample. Se tiene constancia de que, antes de su infiltración, ya había jugado al fútbol sala y que, en marzo de 2025, figuraba como jugadora del equipo Padel GO «A» de Madrid, inscrito en la 1ª división B de la Liga Zona Norte y Sur.

En diciembre de 2020, se despidió alegando su regreso a Madrid por motivos laborales y por la enfermedad de su madre. Sin embargo, mantuvo una comunicación esporádica vía mensajería móvil con amigas militantes hasta enero de 2024, momento en el que su teléfono dejó de estar operativo.

Su infiltración no se descubrió hasta más tarde. Tras el estreno del documental *Infiltrats* (2025), dirigido por Gemma Garcia Fàbrega y Sònia Calvó Carrió, la similitud de patrones con otros casos hizo saltar las alarmas entre algunas militantes que habían compartido trayectoria con ella. Como resultado, el 5 de marzo de 2025, *La Directa* hizo pública la noticia de su infiltración.

CAPÍTULO 3

Trucos y herramientas para destapar a un infiltrado

Tras destaparse varios casos de policías nacionales infiltrados, surgen muchas dudas y preguntas: ¿Cómo fueron descubiertos? ¿Existe algún método o fórmula para identificarlos? ¿Cómo se lleva a cabo una investigación? ¿Cómo saber si alguien conocido o que milita en un grupo es un policía infiltrado?

Intentaremos resolver todas estas dudas a partir de nuestras experiencias.

Aunque profundizaremos en ello más adelante, desafortunadamente, confirmar sospechas nunca es un proceso sencillo. No existe una base de datos pública de policías infiltrados, y encontrar pruebas requiere una investigación larga y minuciosa, incluso cuando hay múltiples indicios en su contra.

Las investigaciones exitosas sobre infiltrados suelen comenzar con sospechas detectadas por personas cercanas, quienes, eventualmente, conforman pequeños grupos de investigación. Si tomamos como referencia el caso del UK, el primer paso suele ser compartir y debatir estas preocupaciones dentro del grupo[36]. A partir de su experiencia,

---

36 Este capítulo se basa íntegramente en el fanzine británico ¿Mi amigo era un policía infiltrado?, elaborado por Undercover Research Group y traducido al castellano y catalán por Colze a Colze. Este material fue adaptado a los casos del estado español y publicado por la editorial 2

podemos identificar buenas y malas prácticas en este tipo de investigaciones. Sin embargo, lo más importante —tanto en su caso como en el nuestro— es que sea el grupo interno quien controle el proceso, ya que este comienza y termina dentro de su propio entorno.

¿Por qué es importante que el grupo controle el proceso?

A. Por discreción.
  • Si la persona sobre la que recaen las sospechas no fuera policía y el rumor se extendiera, su imagen y reputación podrían verse gravemente afectadas, además de ocasionarle daños psicológicos y emocionales.
  • Si, en cambio, la persona sí fuera policía y descubriera que está siendo investigada, podría tomar medidas al respecto, como desviar la atención, destruir pruebas o incluso tomar represalias.

B. Para respetar nuestros propios tiempos y no vernos condicionadas por presiones externas o intereses ajenos, evitando así la sensación de urgencia por obtener resultados.

C. Por una cuestión de intereses. Es cierto que medios de comunicación alternativos, como La Directa y El Salto, han desempeñado (y siguen desempeñando) un papel clave en la revelación de casos de policías infiltrados. No solo garantizan el anonimato de quienes los descubren, sino que también actúan como un altavoz mediático a la hora de denunciarlos. Sin

---

Cuadrados en febrero de 2025, titulado Manual para destapar a un policía infiltrado.

embargo, en ocasiones, nuestros objetivos, necesidades y formas de proceder pueden diferir. Por ello, consideramos fundamental gestionar nuestros propios tiempos e información.

¿Por qué debemos ser sujetos políticos activos en la investigación?

La mayoría de los casos comienzan con sospechas dentro del propio entorno. Es fundamental asumir un papel activo en estos procesos, dotándonos de los medios y capacidades necesarios para investigar de manera rigurosa. Sabemos que los infiltrados que no son identificados pueden trasladarse a otros colectivos y asambleas, por lo que tenemos la responsabilidad política de investigar, visibilizar y actuar ante cualquier sospecha fundamentada.

Sin embargo, las sospechas por sí solas no son suficientes ni justifican la difusión de rumores. Si existen indicios sólidos, es deber del grupo investigador aportar pruebas concluyentes que respalden sus afirmaciones. Acusar sin una investigación exhaustiva puede generar la desintegración de grupos y causar daños políticos y personales irreparables.

A continuación, presentamos información relevante, patrones comunes, pautas y recomendaciones sobre los posibles problemas que pueden surgir al iniciar una investigación, así como medidas de seguridad para prevenir la infiltración. Gran parte del contenido se basa en experiencias extraídas de los casos más recientes en el Estado español y en las buenas prácticas desarrolladas en UK durante la última década.

¿TENÉIS SOSPECHAS?

Un buen punto de partida es preguntarse dónde y cuándo surgieron las sospechas. Nos debemos preguntar: ¿Qué despertó nuestra inquietud? Generalmente, no desconfiamos de una persona sin motivo; por lo contrario, suele haber sensaciones o razones concretas que generan dudas. Como militantes y activistas aprendemos a observar y analizar nuestro entorno, y en algunos casos, también desarrollamos un instinto respecto a quienes nos rodean.

La mayoría de las sospechas surgen al analizar sus opiniones políticas, su actividad en redes sociales, la falta de arraigo o vacíos en su historia de vida. Sin embargo, es importante recordar que los movimientos sociales y políticos atraen a todo tipo de personalidades, por lo que muchas de estas primeras impresiones pueden ser infundadas. Aun así, resulta útil identificar el momento y la razón por las que comenzaron las sospechas. Asimismo, la revisión retrospectiva de casos conocidos puede despertar nuevas suspicacias. Es posible darse cuenta, meses o incluso años después, de que un excompañero encajaba demasiado bien en el perfil de un infiltrado, pese a haber sido un militante activo que participó en numerosas acciones —incluso algunas ilegales— y quien, en su momento, jamás habríamos dudado.

Añadimos otra circunstancia que se ha repetido con frecuencia tanto en el Estado español como en UK: la salida abrupta, inesperada e inexplicable del compañero (posteriormente identificado como infiltrado) de la militancia. Generalmente, esta marcha se justifica con motivos personales, como problemas familiares graves (enfermedad de un familiar) o razones laborales (cambio de trabajo, traslado, etc.).

Las sospechas son un punto de partida válido, pero es fundamental recordar que no son más que eso: un indicio.

Como hemos señalado a lo largo de este documento, el hecho de que una persona coincida con varios de los patrones descritos no constituye una prueba en sí misma, ya que muchos de estos comportamientos son habituales en nuestros entornos. No debemos olvidar que las acciones de un infiltrado están diseñadas precisamente para integrarse en la realidad del grupo y no despertar sospechas, por lo que pueden parecer completamente normales.

Estad preparadas para que los hechos os contradigan

Tener dudas sobre el comportamiento o el pasado de una persona no significa que sea un infiltrado. Hay muchas razones legítimas por las que alguien podría ocultar ciertos aspectos de su vida, actuar de manera impredecible o desaparecer repentinamente. Es fundamental afrontar el proceso con una actitud abierta y estar dispuestos a aceptar que podemos estar equivocados. «Eliminar la sospecha» a alguien siempre es preferible a confirmar nuestros peores miedos. La investigación debe partir de la idea de que es mejor equivocarse al desconfiar de alguien que no es un infiltrado que asumir de inmediato lo peor sin pruebas suficientes.

Aceptad que quizá no encontréis respuestas

La infiltración policial es una estrategia encubierta y altamente protegida dentro de los cuerpos de seguridad, y se destinan grandes esfuerzos para mantenerla en secreto. No hay fórmulas infalibles ni respuestas definitivas. Los casos de infiltrados descubiertos hasta ahora son excepciones, no la norma. En UK, durante décadas no se encontraron pruebas contundentes ni se obtuvieron respuestas claras, a pesar de años de investigación.

Nuestra experiencia demuestra que las sospechas que surgen de manera independiente en varias personas son las que realmente merecen ser consideradas. Es a partir de esas sospechas colectivas cuando puede formarse un grupo de afinidad que lleve adelante la investigación. Este enfoque también ayuda a evitar que una sola persona convenza al resto de que sospechas infundadas constituyen pruebas definitivas.

En los grupos de afinidad suelen existir mecanismos de equilibrio y control: una situación que a alguien le parezca sospechosa puede tener una explicación razonable cuando otra persona con mayor conocimiento del contexto la aclara. Por tanto, cuando un grupo inicia una investigación, es fundamental establecer desde el principio ciertas pautas:

- ¿Con quién se puede hablar del tema?
- ¿Cómo garantizar la confidencialidad y la discreción?
- ¿Qué hacer si las sospechas se confirman o se descartan?

Indagar en la vida de alguien a quien considerábamos compañero o amigo nunca es fácil. Por ello, puede ser útil contar con una persona de confianza que no tenga vínculos directos con el sospechoso y que pueda orientar al grupo. Esta persona puede asumir distintos roles, como asegurarse de que la investigación siga su curso, ayudar a gestionar las emociones dentro del grupo o incluso tomar la decisión de cerrarla si no avanza de manera efectiva.

También es crucial cuestionar las suposiciones y analizar las pruebas con un criterio riguroso. Es importante evitar sobrestimar la cantidad de pruebas disponibles y no precipitarse en las conclusiones. Aunque este proceso puede realizarse de manera individual, quienes han llevado a cabo investigaciones coinciden en que habrían preferido contar con el apoyo de un grupo.

Existe una línea muy fina entre actuar con intuición y caer en la paranoia. Esta es otra de las razones por las que un proceso colectivo suele ser preferible, ya que permite detectar y manejar a tiempo los signos de agotamiento antes de que afecten la investigación.

¿Cómo investigar las sospechas?

Escribir las sospechas

Dedica tiempo a escribir las razones de tus sospechas; esto te ayudará a aclarar y centrar lo que te inquieta. Además, escribirlo permite evaluar los temores y compartir las pre-ocupaciones con el resto del grupo. Comparad y compartid la información. Es útil anotar todo lo que sabéis sobre la persona, especialmente lo que inicialmente generó las sospechas. El objetivo es obtener una visión completa y añadir claridad al proceso.

Evaluar las sospechas

Para evaluar las sospechas, se han formulado 17 preguntas que ayudarán en el proceso de investigación. Estas preguntas que presentamos a continuación fueron adaptadas del Undercover Research Group (traducido al castellano por Colze a Colze) a la realidad del Estado español, teniendo en cuenta tanto las similitudes como las particularidades del contexto local. Estas preguntas no provienen del análisis de la presente publicación, sino que han sido extraídas y adaptadas de una metodología previamente desarrollada. Creemos que son útiles en diversos contextos, aunque las respuestas se basan principalmente en los casos ocurridos en el Estado español entre 2022 y 2025, así como en UK.

Estas preguntas pueden servir como punto de parti-da. Si una persona responde afirmativamente a un alto porcentaje de ellas, es probable que las sospechas estén fundamentadas. Sin embargo, siempre será necesario continuar con la investigación y profundizar para confirmar o descartar dichas sospechas. Las 17 preguntas aparecen más adelante en uno de los apartados de este capítulo.

Organizar los datos

A medida que la investigación avanza, es importante organizar la información de forma clara. Esto puede incluir la creación de cronogramas, mapas, listas de contactos, eventos y lugares en los que la persona podría haber estado. Es fundamental identificar los huecos en el cronograma de acontecimientos y hacer una lista de las personas que podrían ayudar a llenarlos. Saber exactamente qué se ha descubierto y qué falta por investigar es esencial, especialmente si trabajáis en grupo.

Por otro lado, dedicar tiempo a documentar qué habéis escuchado y quién lo ha dicho es clave. Es posible que algunas personas o colectivos no quieran que se relacione su nombre con la infiltración, pero la información que proporcionan puede ser crucial para la investigación. Deberéis intentar incluir estos datos sin comprometer la confidencialidad. Además, evaluad la credibilidad de las fuentes, ya que algunos testimonios pueden estar influenciados por prejuicios o resentimientos personales.

Recordad: ¡mantened vuestros materiales debidamente protegidos! Considerad el impacto que tendría si la información se hiciera pública, especialmente si la persona que investigáis no resulta ser un infiltrado o si la policía la descubre y compromete la investigación.

Confirmar o descartar las sospechas

Es necesario investigar cada aspecto de la historia de la persona, buscando pistas e inconsistencias. El objetivo es determinar si la identidad que presenta es real o si, por el contrario, estamos ante un infiltrado. Revisar los perfiles de infiltrados previamente descubiertos puede ser útil para identificar los detalles en los que hay que centrarse. Sin embargo, recordad que cada caso es único y no todos los aspectos serán igualmente relevantes.

Otras verificaciones pueden incluir comprobar la presencia de la persona fuera del grupo y validar sus antecedentes personales, laborales, etc. Intentad rastrear su pasado: verificad si realmente estudió en las instituciones que menciona o si trabajó en los lugares que indica.

La fecha de su cumpleaños es un dato clave. En muchos casos, la fecha falsa coincide con la verdadera. También es importante revisar los relatos sobre su infancia, familia, trabajo, etc. Los infiltrados suelen utilizar información de su vida real para dar credibilidad a su historia, aunque el valor de estos detalles puede variar. En algunos casos, esta información ha sido crucial, mientras que en otros ha resultado irrelevante. Lo más recomendable es registrar todo, ya que es difícil prever qué será relevante.

Este proceso suele ser lento y consiste en ir descartando posibilidades. El objetivo es determinar si la persona es un «fantasma»: alguien cuya existencia parece confirmada, pero que se desvanece cuando se profundiza en la investigación.

Contactar o incorporar a más personas al grupo

Cuando lleguéis al punto en que consideréis que vuestras sospechas requieren más confirmación, lo más probable es que necesitéis hablar con otras personas que conocían a la persona sospechosa. Este paso debe llevarse a cabo con mucha cautela: las personas a las que os acerquéis deben estar al tanto de los acuerdos del grupo y comprender lo delicado del proceso.

Sed conscientes de que estas personas pueden sentirse molestadas, sorprendidas o negar las sospechas. Preparad bien el terreno para evitar que las sospechas sean rechazadas de manera tajante y que la situación se descontrole. Además, tened cuidado de no exponer a alguien sin haber realizado una investigación adecuada.

RESULTADOS DE LA INVESTIGACIÓN

La certeza absoluta de que una persona es un policía infiltrado solo se obtiene cuando se revela su nombre real, que puede ser contrastado con el BOE. Es probable que la investigación no siempre conduzca a resultados definitivos. En algunos casos, esto se ha descubierto debido a errores o descuidos del infiltrado, lo que permitió identificar su verdadera identidad. En otros, ha sido la capacidad del entorno para seguir las pistas y realizar investigaciones exhaustivas lo que ha permitido desvelar sus identidades.

Posibles resultados de la investigación:

No es un infiltrado

En el mejor de los casos, podremos eliminar las sospechas sobre una persona. Sin embargo, no basta con llegar a esta conclusión y dar el tema por cerrado. Es necesario comunicar nuestras conclusiones a todas las personas involucradas, para evitar que persistan los rumores. También habrá que decidir si es apropiado informar a la persona investigada. Para algunas, esto puede implicar un acto de transparencia, pero otras podrían reaccionar negativamente. En UK, algunos grupos decidieron no mencionar la investigación, aunque esto puede tener el inconveniente de que el rumor persista, especialmente si las sospechas se han difundido ampliamente.

Una vez comprobado que las sospechas eran infundadas, es crucial destruir la información recopilada. En manos equivocadas, esa información podría usarse en contra de la persona investigada.

No estamos seguras

Existen muchas posibilidades de que no podamos confirmar si las sospechas sobre alguien en el colectivo son infundadas o no. Si la sospecha de que hay un infiltrado surge porque vuestra asamblea o colectivo está siendo objeto de represión, puede ser que estéis focalizando el problema en la dirección equivocada. Tal vez el verdadero problema sea una falta general de atención a la seguridad, que el colectivo o asamblea esté siendo objeto de vigilancia tecnológica, o incluso que el problema resida en otra persona del colectivo que podría estar difundiendo rumores para asegurar su tapadera. En algunas situaciones, nunca estaréis al 100% seguras de que alguien es un infiltrado, lo que os deja ante la difícil decisión de qué hacer a continuación.

Por ejemplo, en el contexto de la «Public Inquiry into Undercover Policing», el Undercover Research Group y otros colectivos hicieron públicas informaciones sobre infiltrados. A pesar de no contar con pruebas definitivas, se basaron en indicios suficientes para considerarlos infiltrados. En estos casos, las pequeñas dudas que quedaban les llevaron a limitar la información divulgada: decidieron no publicar fotos ni nombres completos.

En estos casos, quizás lo mejor sea dejar las sospechas a un lado de manera momentánea. Se puede abordar el problema desde otras perspectivas: por un lado, considerar la actividad política de vuestro colectivo o asamblea y entender qué riesgos entraña seguir por esa vía. Por el otro lado, es necesario evaluar si las filtraciones están impidiendo que sigáis llevando a cabo vuestra actividad política con los métodos que habéis elegido. Una buena forma de afrontar el tema es ser conscientes de las necesidades de seguridad del colectivo y tomar las precauciones necesarias. Los debates abiertos y sinceros sobre las posibles amenazas a vuestro proyecto político suelen ayudar a decidir qué medidas tomar para contrarrestarlas.

Si encontramos pruebas definitivas

Si las pruebas son tan contundentes que no se pueden obviar, es necesario pensar con cuidado en los pasos a continuación. En muchos casos, hacerlo público puede ser una buena opción. La mayoría de los infiltrados, cuando se levantan sospechas, no son retirados, sino que se reubican en nuevos espacios o ciudades. Publicar sus nombres y rostros puede evitar que otros colectivos y asambleas también se vean afectados.

A. Hacer pública la información requiere de gran sensibilidad. No siempre será posible, pero es importante intentar contactar con todas las personas que hayan tenido contacto con el infiltrado. Es horrible descubrir, a través de una foto en internet o en las noticias, que un antiguo compañero, pareja o amigo era un policía infiltrado.

B. Proteger el entorno afectado es esencial. En este sentido, es necesario asegurar los anonimatos y evitar revelar detalles que puedan exponer a las personas afectadas, especialmente aquellas que tuvieron vínculos cercanos con el infiltrado, de cualquier tipo.

C. Gestionar las pruebas de manera adecuada es muy importante. Para ello, primero prepara todas las pruebas y, si es posible, gestionad la publicación de los resultados de la investigación a través de medios alternativos para que esta información obtenga la máxima visibilidad. Es crucial estar en contacto con periodistas que comprendan las implicaciones emocionales de este tipo de situaciones, especialmente si algunas personas tuvieron estrechos lazos con el infiltrado. Además, es importante manejar los tiempos y el contenido de la publicación de forma cuidadosa para evitar revictimización.

D. Detallar las actividades del infiltrado es un paso recomendable, así como su historia desde el momento en que ingresó al colectivo, para que otros grupos y personas puedan contextualizarlo. Los recuerdos de nombres y caras tienden a desvanecerse con el tiempo, por lo que es importante ofrecer una descripción precisa. De este modo, se podrá ayudar a otros a identificar al infiltrado y establecer puntos comunes con otros casos aún sin investigar.

E. Generar apoyo para las afectadas es crucial para generar una cultura de cuidados. Para ello, es necesario contar con herramientas de apoyo para aquellas personas que serán las más afectadas por las consecuencias de la investigación. La gestión de este proceso dentro del grupo es fundamental. En nuestra experiencia, ha sido crucial contar con organizaciones expertas en este tipo de acompañamiento. En el apartado «Apoyo mutuo» describimos las herramientas utilizadas por las personas afectadas y sus valoraciones sobre sus respectivas aplicaciones.

F. Evitar comentarios como «yo ya lo sabía». Se recomienda desalentar estos comentarios en la medida
de lo posible. Nunca son útiles, especialmente para
las personas afectadas. Tened en cuenta que puede
que aún estén luchando con sentimientos de culpa,
autodesprecio, etc. Estos sentimientos pueden tardar años en resolverse. Además, si esas personas
«ya lo sabían» y no hicieron nada al respecto, lo
que demuestran es miedo, inseguridad y falta de
solidaridad.

¿QUÉ HACER SI SE DESCUBRE QUE HABÉIS TENIDO UN INFILTRADO EN VUESTRAS VIDAS?

En general, debéis ser discretas, ya que no solo hay un riesgo de propagar la paranoia, sino también de que la persona
investigada se entere de las sospechas. Si esto ocurre, lo
más probable es que borre su rastro y desaparezca antes
de que podáis confrontarle.

Cualquier investigación, independiente del resultado, puede dañar las redes de confianza dentro del grupo.
Después de hacer una denuncia pública, algunas personas
pueden sentirse excluidas del proceso o molestas por no
haber tenido la oportunidad de participar en las decisiones. El impacto de un descubrimiento tan grave puede
dividir a los grupos, en especial si las pruebas no son suficientes o no están bien argumentadas. En UK, hubo casos
en los que el infiltrado intentó sembrar discordia dentro
del movimiento y entre las personas que formaban parte
del grupo investigador, utilizando su huida para generar
fricciones y conflictos internos.

Una vez terminada la investigación (y reiteramos
que no siempre se puede obtener una certeza absoluta), es fundamental que los colectivos afectados trabajen

para restablecer la confianza entre las personas que lo conforman.

Apoyo mutuo

Destapar a un infiltrado tiene impactos emocionales profundos en las personas que realizan la investigación. Debéis asegurarse, en todas las etapas del proceso, de que se consideren las necesidades emocionales de las personas afectadas, así como las de las personas que realizan la investigación, ya que en muchos casos son las mismas.

Aprendizajes a la hora de proporcionar apoyo emocional durante la fase de investigación:

Durante el proceso de investigación, la confianza en una misma y en las demás suele ser una de las primeras cosas que se pierde. A menudo se subestima el impacto personal de llevar a cabo una investigación. Unirnos entre nosotras permite crear espacios en los que podamos compartir experiencias y fortalecer nuestras ideas políticas. Esta es una de nuestras mayores fortalezas. Es importante recordar que cada persona reacciona de manera diferente, dependiendo de su situación vital y su relación con el infiltrado.

A las personas más cercanas al infiltrado les puede resultar muy difícil aceptar el engaño, y pueden tardar mucho tiempo en procesar lo sucedido. Mientras dure la investigación, es importante tener esto en cuenta y presentar la información de manera gradual, para ayudar a procesar las noticias. Por tanto, no apresuréis las decisiones: las personas necesitarán sentir que sus necesidades emocionales son tomadas en cuenta, y por ello deben tener el espacio necesario para expresarlas. Intentad dejar de lado disputas personales y políticas que puedan distraer o afectar la objetividad durante el proceso de investigación.

Por otro lado, es necesario tener claro que cada persona maneja la situación como puede, por lo que es importante respetar los deseos y preferencias de todas. Algunas preferirán no saber nada, mientras que otras quizás ya tengan demasiadas preocupaciones en sus vidas como para abordar este tema.

Finalmente, una vez finalizada la investigación y presentados los resultados al colectivo o asamblea, pueden surgir tensiones entre las personas que no participaron en el grupo de investigación. Si no se gestiona adecuadamente, esto puede convertirse en un punto delicado.

Paranoia

La sospecha de que uno de nuestros compañeros de lucha y/o vida pueda ser un policía infiltrado puede generar miedos y paranoias. Pueden surgir síntomas comunes como ver espías en cada esquina o señalar a cualquier persona que haya hecho algo ligeramente sospechoso. Debemos tener cuidado con esto. Muchas influencias pueden distorsionar nuestra percepción, pero es importante no dejarnos llevar por el miedo y mantener la capacidad de realizar una investigación seria. La paranoia solo perturba el proceso.

Si compartimos espacios y colectivos con personas que sienten sospechas o incluso paranoia, es crucial escucharlas y comprender sus temores. Es muy importante ser capaz de preguntar de manera delicada qué es lo que temen, y saber escucharlas con sinceridad y, a la vez, con cautela: es necesario saber desafiar cualquier discrepancia con respeto. Es posible que no se trate de paranoia, sino de preocupaciones legítimas.

Las preguntas que proponemos a continuación ayudan a mitigar parte de la paranoia, centrando la investigación en datos tangibles y ofreciendo acompañamiento a las personas afectadas. Preguntarnos qué sabemos y qué tememos, y centrarnos en hechos reales, suele ayudar a destapar infiltrados a partir de información objetiva, sin caer en la trampa del miedo.

Por otro lado, a nivel colectivo y/o asambleario, se recomienda analizar qué tipo de colectivo o asamblea sois, cómo de abierta o cerrada queréis que sea y qué objetivos tenéis. En base a estos análisis, las 17 preguntas a continuación os ayudarán a establecer protocolos de seguridad adaptados, en los cuales todas os sintáis cómodas.

17 PREGUNTAS QUE PUEDEN AYUDAROS

1. ¿Tiene antecedentes vitales? Falta de arraigo

Generalmente, el infiltrado tiene pocos antecedentes vitales. Suele contar con una «historia»: de dónde proviene y por qué se fue, pero los detalles son escasos y casi no hay solapamiento entre su vida anterior y su vida militante. Es raro encontrar amistades o fotos de su «vida pasada», aunque pueda hablar de ellas o decir que va a verlas. Al ser identidades creadas para estas infiltraciones, carecen de un pasado real, y no encontraremos nada sobre ellas en registros o en Internet, salvo lo que hayan hecho en el transcurso de la infiltración, como inscribirse en carreras o matricularse en universidades.

En la mayoría de los casos que hemos analizado, la ciudad de origen del infiltrado no era la misma que la ciudad donde se infiltraban. Suponemos que esto se hacía para evitar que pudieran ser reconocidos o que su pasado fuera fácilmente contrastable. Por ejemplo, Sergio era de Santiago y se infiltró en Madrid, Dani de Mallorca y lo hizo en Barcelona, Ramón de Hospitalet del Llobregat y se infiltró en València, Maria de Mallorca y se infiltró en Girona. El caso de Marta sería la excepción, ya que era de Aranjuez y vivía su vida falsa y real en la misma ciudad.

Suelen justificar su traslado a una ciudad diferente por motivos laborales o académicos (algo común, ya que la mayoría de las personas se trasladan por esas razones).

Advertencia: En el caso de Dani, mostró fotos de su adolescencia con amigos y de su supuesta exnovia, por la que había dejado su ciudad de origen. En el caso de Girona, Maria presentó a familiares y amigas reales (sin ser funcionarias del Estado). Suponemos que esto lo hacía para reforzar su historia y generar mayor confianza en su entorno. ¿Quién sospecharía de una amiga si conoces a su madre y amigas? Por eso es importante recordar detalles de esas personas, direcciones, etc., durante una investigación.

2. ¿Sus ideas políticas son casi inexistentes o poco desarrolladas?

En la mayoría de los casos, los infiltrados han tenido poco que decir sobre la política del movimiento en el que se infiltraron. Aunque muestran interés por escuchar, apenas aportan nada y, por lo general, evitan o se alejan de los debates. En cambio, son «militantes modelo» en cuanto a su implicación en tareas logísticas, asistencia a asambleas, acciones, etc. Cuando demuestran interés, suele ser superficial, y los libros y materiales de referencia que poseen son estándar, sin mucha profundidad.

Advertencia: Esto podría aplicarse a muchas personas del movimiento en general, pero en ciertos círculos, esa falta de profundidad resulta destacable.

3. ¿Alguien ha conocido a su familia?

Algunos infiltrados nunca hablan de su familia, mientras que otros lo hacen con frecuencia. Sin embargo, las oportunidades de conocer a sus familiares siempre son excusas. Los infiltrados pueden mostrar fotos y otros materiales que indican la existencia de supuestos miembros de su familia y decir que tienen relaciones estrechas con

ellos. Otros han inventado historias sobre relaciones abu-
sivas para generar confianza, pero a menudo hablan de
manera incoherente sobre cómo van a verlos. A veces, las
crisis familiares, como un padre gravemente enfermo, se
utilizan como excusa para ausentarse durante largos periodos de tiempo.

Como hemos mencionado en varias ocasiones a lo largo
del libro, hay patrones comunes, pero también excepciones. En este caso, la infiltrada de Girona presentó a su
familia y amigas reales, indicando sus nombres y profe-
siones, y mostró la casa donde residía con su madre. La
madre de esta policía infiltrada jugó un papel activo durante toda la infiltración, comunicándose por teléfono y
videollamadas cotidianas.

Dani llevó a una persona a Mallorca, mostró su antiguo
colegio y las zonas por donde solía salir, e intentó presentar a su madre. Ese encuentro nunca se realizó, por lo que
no sabemos si la habría presentado realmente. También la
llamó en diversas ocasiones frente a su pareja, pero nunca
las presentó.

Además, aunque no haya un acercamiento directo con
su entorno, algunas de las referencias familiares mencionadas durante la infiltración pueden coincidir con su vida
real. Por ejemplo, Sergio, infiltrado en Madrid, decía tener
un hermano mayor que trabajaba de bombero en Santiago,
y eso era cierto.

4. ¿Su trabajo o su «vida personal» les hace ausentarse durante largos periodos o muchos periodos cortos?

Parece que muchos infiltrados tienen trabajos que les
obligan a ausentarse durante largos periodos de tiempo, a
veces varias semanas seguidas (normalmente en verano).
Estos trabajos o ausencias les permiten obtener dinero. Por
ejemplo, en el caso de Sergio, cuando iba a Galicia a ver a
su familia, regresaba diciendo que su abuela le había dado

500€, lo que le permitía justificar estar en paro un tiempo. Maria solía ausentarse en verano, con la excusa de trabajar de manera intensiva en un club náutico de Mallorca, lo que le permitía sostenerse el resto del año. Dani hacía viajes a Granada para ayudar a su familia en el campo, y regresaba a Barcelona con dinero. Ramón volvía a Barcelona cuando la Universidad de València se lo permitía, y en verano, tras finalizar los exámenes, aprovechaba para ver a su familia y amigos, e intentaba conseguir trabajos temporales o trabajar en la obra con su padre para ahorrar y poder vivir mejor durante el curso.

5. ¿Su casa parece poco habitada?

Un tema comúnmente comentado es lo despersonalizadas o poco acogedoras que parecen sus casas, aunque con algunas excepciones. En ocasiones, los materiales dispuestos en la casa parecían estar organizados de forma intencionada para dar la imagen de «militante político». También era evidente la falta de «toque personal» o de posesiones materiales. Un ejemplo claro de esto es el caso de Carlos en Madrid: su casa prácticamente no tenía decoración y daba la sensación de que nadie vivía allí. El agua que salía del grifo era marrón. En otro caso, Maria vivió tres años en Girona en un apartamento turístico sin cambiar nada, que durante el COVID se transformó en un alquiler de vivienda habitual debido a la falta de turistas.

Las casas en las que viven (o dicen vivir) suelen estar asociadas a algún tipo de «suerte» al conseguirlas: el piso suele ser de un presunto tío, de una amiga de su madre, que se lo deja su jefe a un precio barato, etc. Sin embargo, hay casos en los que el infiltrado nunca llegó a mostrar el lugar donde supuestamente vivía. Si conocéis la dirección exacta, un buen punto de partida es obtener la nota simple de la vivienda.

6. ¿Cuál es su forma de acceder a la militancia o sus entornos?

Nos referimos al primer contacto o experiencia que el infiltrado relata sobre cómo se acercó al colectivo político. La mayoría de los casos empiezan en actividades abiertas y de bajo contenido político, como bancos de alimentos o gimnasios populares. Estas actividades les sirven como aval para ingresar luego a espacios más politizados, ya que suele generar más confianza que decir que nunca han participado en nada. Aunque también hay casos en los que primero se crea una red afectiva y luego se entra en la militancia. Es importante identificar el momento y el lugar exacto en los que estas personas se introducen en el entorno político.

7. ¿Tienen habilidades de conducción fuera de lo normal o disponen de permisos de conducir especiales?

Se comenta, con frecuencia, que muchos infiltrados tienen habilidades de conducción por encima de la media, lo cual no es sorprendente dado que esos son requisitos para ser policía nacional.

Nota: Esta pregunta es especialmente relevante en el contexto británico, donde los infiltrados solían ser agentes con una larga trayectoria en cuerpos policiales o militares, lo que les proporcionaba estas habilidades. En el contexto de las infiltraciones destapadas entre 2022 y 2025, los infiltrados suelen ser agentes recién graduados, por lo que es posible que no tengan esas destrezas. Sin embargo, en su identidad real, todos tienen al menos el permiso de conducir, ya que es un requisito para las oposiciones a policía nacional. Por ejemplo, Sergio tenía todos los permisos de conducir, lo que le permitió realizar tareas logísticas, como conducir camiones o furgonetas.

8. ¿Cuál es su actitud o personalidad?

En general, se destaca la simpatía, el encanto y la amabilidad de los infiltrados. Se les percibe como personas dispuestas a ayudar en todo lo que puedan, conciliadoras y muy empáticas. Evitan polémicas, tanto propias como ajenas, y suelen ser muy accesibles. Tienen una gran capacidad para entender y lidiar con las emociones, conflictos y crisis personales de las personas a su alrededor. A menudo se ofrecen como apoyo emocional, pero siempre con cautela, evitando ser intrusivos. Esto no quiere decir que, en situaciones específicas, no puedan adoptar otras estrategias para posicionarse en conflictos, si así lo indican sus superiores.

9. ¿Tienen dinero?

Suelen mostrar una disposición a ayudar a los demás con dinero, como renunciar a gastos de gasolina o invitar a rondas de comida o bebida. A veces explican que estos gastos están cubiertos de alguna manera, por ejemplo, a través de su trabajo. No son necesariamente ostentosos y pueden llegar a quejarse de su situación económica o aparentar ser cuidadosos con el dinero para no destacar, pero siempre parecen tener acceso a recursos.

10. ¿Se enfocan en personas llave o en su círculo cercano?

Por personas llave, nos referimos a todas aquellas activistas y militantes que abren la posibilidad para que los infiltrados puedan acceder a determinados espacios, proyectos, colectivos y organizaciones. Creemos que, una vez dentro del grupo, los infiltrados tienden a acercarse a personas llave y/o hacerse muy cercanos a ellas, tanto a nivel personal como en la militancia. Esto les permite ser percibidos como la «persona de confianza de X», lo cual les facilita acercarse a su objetivo de obtener información, reducir sospechas y ganar credibilidad dentro del grupo.

11. ¿Habéis notado algo raro o contradictorio?

En nuestras investigaciones hemos identificado una serie de comportamientos y características a los que vale la pena prestar atención si se presentan:

▶ Documentos con nombres distintos a los conocidos: A veces esto tiene una explicación lógica y no siempre implica una irregularidad, pero en ciertos casos puede ser una señal de alerta.

▶ Redes sociales reales: A Mavi se la descubrió, en parte, por este motivo. Afirmaba haber estudiado en una escuela de ballet en Granada, pero el nombre que proporcionó correspondía a una institución en Almería, su verdadera ciudad de origen. Esto llevó a encontrar sus redes sociales auténticas, donde sus apellidos no coincidían con los que había dado. En el caso de Maria, ella había contado que ofrecía sus servicios como cuidadora de perros a través de una aplicación concreta. Su perfil en esta plataforma existía realmente y permitió confirmar su domicilio, un dato clave para revelar su verdadera identidad más adelante.

▶ Decir que tienen ciertas habilidades y luego demostrar lo contrario: En especial, cuando esas habilidades están relacionadas con su supuesto trabajo o intereses. Por ejemplo, Ramón y Mavi aseguraban no haber practicado artes marciales nunca, pero en sus primeras clases destacaron porque demostraban tener conocimientos previos. Otro caso es el de Dani, quien afirmaba tener un empleo específico, pero cuando un compañero con experiencia en el mismo sector le hizo preguntas técnicas, no tenía ni idea del tema.

► Reaccionar de forma entrenada ante situaciones imprevistas: Se ha comprobado que los infiltrados cuentan con un equipo de apoyo que los monitoriza las 24 horas del día a través de los micrófonos de sus dispositivos electrónicos (relojes, móviles, ordenadores, etc.). Ha habido situaciones en las que, al encontrarse en un entorno ruidoso, el equipo de vigilancia no podía seguir lo que ocurría. Ante la incertidumbre, enviaban una patrulla cercana con la excusa de un «control rutinario» para comprobar la situación sin levantar sospechas. Además, en varios casos se ha descubierto que algunos pisos en los edificios donde vivían los infiltrados estaban habitados por policías. Cuando esto no era así, solía haber una comisaría de la Policía Nacional a poca distancia.

► Preocupación excesiva (aunque disimulada) por la pérdida de control de la información: Se ha observado que los infiltrados reaccionan con un nerviosismo desmedido ante situaciones inesperadas, cambios de última hora o planes improvisados. Muchas personas pueden sentirse incómodas con la incertidumbre, pero si alguien muestra una ansiedad intensa ante estos imprevistos, podría ser un indicio a tener en cuenta en una investigación.

12. ¿Ha habido casos judiciales extraños o falta de interés policial?

En ocasiones, los agentes encubiertos han sido apartados de manera inexplicable de ciertos casos judiciales. En el caso de Sergio, esto ocurrió al menos en dos ocasiones, y en el de Carlos, en una más. Son tres denuncias que nunca llegaron a juicio y cuyos expedientes, casualmente, no están disponibles, impidiendo conocer los motivos por los cuales se archivaron.

Otro caso llamativo es el de Dani, quien fue identificado en un desahucio, pero nunca recibió la multa correspondiente, a diferencia de otras personas que estaban presentes en el mismo evento. También se han dado situaciones en las que la organización afectada notó una inusual falta de interés por parte de la policía durante el tiempo en que el infiltrado formaba parte del grupo.

En algunos casos, personas que en otras circunstancias habrían sido detenidas, no lo fueron, incluso cuando parecía evidente que sucedería. Ahora sabemos que los responsables de la infiltración a veces hacían la vista gorda ante ciertas acciones ilegales y que los agentes encubiertos se alejaban de determinadas situaciones para evitar tener que realizar detenciones.

Advertencia: En la mayoría de casos que conocemos, no les han llegado multas ni procedimientos judiciales. Sin embargo, a Neiva Marina C. F., la última infiltrada descubierta hasta el momento, sí le llegó una multa dirigida a su personaje, Nieves López Medina, por una acción de "No a la tala" en Arganzuela.

13. ¿Ha desaparecido de repente y evitado cualquier contacto?

Esta pregunta podría dar lugar a una sección propia, ya que la «estrategia de salida» o «extracción» es un aspecto clave en la operación de quienes investigan una posible infiltración policial. En todos los casos conocidos, los infiltrados han permanecido en activo durante varios años: algunos fueron descubiertos antes, como Mavi, mientras que otros lograron mantenerse más tiempo, como Sergio, que estuvo infiltrado durante siete años, o Marian (Madrid), que llegó hasta los 35 años. Sin embargo, todos han desaparecido de forma relativamente abrupta, esgrimiendo excusas como un nuevo trabajo o la enfermedad grave de un familiar.

Es revelador cómo, una y otra vez, se repiten dos estrategias de salida, a veces combinadas:

A. Cambio de trabajo.

B. Un familiar gravemente enfermo.

En varios casos se ha recurrido a esta última justificación. Por ejemplo, Maria y Belén afirmaron que sus padres tenían cáncer, lo que, además de generar empatía dentro de sus círculos, les permitió alejarse progresivamente de estos.

En cuanto a su vida social, algunos mantienen un contacto esporádico, casi siempre de manera online, mientras que desaparecen por completo de su entorno militante o activista. Un caso llamativo es el de Carlos, Sergio y Dani, quienes conservaron activos los números de teléfono de sus identidades falsas durante meses, e incluso años en el caso de Sergio. Por otro lado, Maria mantuvo un contacto más estrecho con sus antiguos vínculos tras su salida, lo que sugiere que buscan mantener una conexión con los entornos donde estuvieron infiltrados, por si en algún momento necesitaran regresar.

Tres aspectos clave a tener en cuenta:

▶ Relevos y desplazamientos: En varios casos se ha detectado que los infiltrados son reemplazados por otros agentes. Por ejemplo, Carlos y Lucía en Madrid ocuparon el espacio que dejó Sergio al marcharse de las dos organizaciones en las que estaba involucrado. En Barcelona, Ignacio José entró en la izquierda independentista justo cuando Belén empezó a distanciarse.

▶ La mayoría de infiltrados participan simultáneamente en varios colectivos y organizaciones. Algunos, como Carlos, se trasladaron a otros entornos cuando su grupo de origen se disolvió; él, por ejemplo, se movió hacia Vallekas tras la disolución del colectivo juvenil en el que estaba infiltrado. También es común que, cuando surgen sospechas sobre alguien, este sea desplazado a otro punto de la península.

▶ Reacciones tras ser descubiertos: Aunque pueda parecer obvio, ninguno de los infiltrados desenmascarados ha admitido su verdadera identidad. Ni ante la prensa que los contactó antes de la publicación de sus casos, ni ante las personas con las que habían establecido lazos de confianza. Lo han negado de manera sistematica, incluso cuando existían pruebas contundentes como fotos o vídeos en los que aparecían vestidos de policía. Suponemos que esto forma parte del protocolo policial, lo que agrava aún más el daño causado. La única excepción ha sido Maria, quien, en una videollamada, reconoció ser policía. Además, explicó cómo una comisaría la contactó para infiltrarse tras jurar el cargo y reveló que hay más agentes encubiertos en ciudades como Málaga, Salamanca o Granada.

14. ¿Qué pistas dejan en sus redes sociales?

Un patrón común en los infiltrados es que crean sus redes sociales poco tiempo antes de comenzar su labor de infiltración. A la hora de investigar una sospecha, este aspecto es clave. No solo es importante fijarse en la fecha de creación de sus perfiles, sino también en la lista de seguidores o amigos. Es extraño que alguien solo tenga conexiones con personas a las que acaba de conocer y no conserve ningún contacto de su pasado (esto se relaciona con la falta de arraigo mencionada en la primera pregunta). En Instagram, además, es posible ver cuántas veces ha cambiado de nombre un usuario, lo que puede aportar más pistas.

Por supuesto, como en cualquier otro patrón, alguien que no sea infiltrado puede tener razones legítimas para no haber tenido redes sociales hasta ese momento, haberlas creado recientemente o haber roto con su pasado y perdido contactos antiguos. Sin embargo, sigue siendo un dato a considerar en una investigación.

15. ¿Qué papel juegan las fotos en una infiltración?

En general, los infiltrados son muy reacios a compartir fotos de sí mismos, de su familia, de sus amigos o de su pasado. Siempre alegan situaciones complicadas o problemas personales para justificarlo. También es común que eviten salir en fotografías, tanto individuales como grupales. Sin embargo, en varios casos (Sergio, Dani y Maria), se ha comprobado que los infiltrados lograron obtener numerosas fotos de militantes con la excusa de hacer bromas, memes o simplemente documentar momentos de ocio en un entorno de confianza. Atención a esto.

Además, se ha descubierto que los infiltrados comparten fotos entre ellos para reforzar sus identidades falsas y darse cobertura mutua. Por ejemplo, Ignacio José y Dani, infiltrados en Barcelona y pertenecientes a la misma promoción junto con Maria y Ramón, se hacían pasar por hermanos en sus identidades ficticias. Para ello, usaban apellidos similares (Daniel Hernández Pons y Marc Hernández Pon), de modo que si alguien sospechaba de uno, el otro podía servir como referencia o aval.

16. La persona que estáis investigando ya militaba cuando comenzó la pandemia? ¿Cómo actuó en ese período?

Se ha detectado que varios infiltrados que ya estaban activos al inicio de la pandemia regresaron, de repente, a sus supuestos lugares de origen pocos días antes de la declaración del estado de alarma. Cada uno presentó una excusa diferente para justificarlo.

Otro aspecto a considerar es si la persona en cuestión tiene alguna de las vacunas contra el COVID. Podéis pedirle que lo demuestre. Ninguno de los infiltrados descubiertos mostró jamás su certificado de vacunación. Algunos incluso alegaron ser antivacunas para evitar enseñarlo. Dani, por ejemplo, usó este argumento para justificar por qué solo se reunía con gente en espacios abiertos.

Dependiendo de las explicaciones que dé y de su reacción ante la petición de este documento digital (pasaporte COVID), se podría estar ante un posible indicio de sospecha o al menos un hilo del que tirar en una investigación.

17. ¿Hay similitudes entre números de teléfono?

Otro aspecto clave a analizar es el número de teléfono que usa la persona sospechosa. Se ha comprobado que los infiltrados de una misma promoción suelen utilizar números adquiridos mediante tarjetas prepago, y que estos coinciden en su numeración.

Por ejemplo:

▶ Marian (promoción 1986), tenía un número que empezaba por 650.
▶ Sergio (promoción 2014) tenía un número que empezaba en 654.
▶ Belén (promoción 2018), en 644.
▶ Álvaro (promoción 2018), es el único caso que a pesar de ser de la misma promoción que Belén,

probablemente porque se infiltran en momentos diferentes, el número no coincide. El suyo empieza por 632.

▶ Maria, Dani, Ignacio José y Ramón (promoción 2019), en 631.
▶ Lucía y Carlos compartían numeraciones muy similares (promoción 2020): 604209458 y 604209448.
▶ Neiva Marina (promoción 2022), en 634.

Esta información puede resultar útil para verificar datos en una investigación en curso.

Otros datos importantes

Hasta aquí, hemos analizado distintos patrones y estrategias utilizados por los infiltrados, así como los indicios que pueden ayudar a detectarlos. Sin embargo, hay otros elementos clave que pueden aportar información valiosa a la hora de confirmar sospechas y profundizar en una investigación. Algunos de estos datos pueden servir como punto de partida para verificar identidades o descubrir incongruencias en las historias de los infiltrados.

Por ejemplo, conocer la fecha en la que alguien comenzó a infiltrarse puede permitir rastrear su nombre en el BOE, ya que suelen mantener el mismo en ambas identidades. También se pueden utilizar registros oficiales para contrastar datos personales, como la fecha de nacimiento o la dirección en la que afirma vivir. El acceso a documentos como notas simples, matrículas de vehículos o historiales académicos puede ayudar a encontrar conexiones que confirmen o desmientan una identidad.

Además, el rastro digital juega un papel importante. Fotografías y vídeos de juras de policía, así como redes sociales, han sido determinantes en algunos casos, permitiendo identificar infiltrados gracias a su actividad en línea, como fue el caso de Sergio. Aquellos que mantienen una identidad real suelen utilizar estos espacios con la confianza de que nadie los rastreará, lo que puede ofrecer pistas valiosas. A continuación, se detallan diferentes aspectos a tener en cuenta para seguir indagando en este tipo de investigaciones.

- Nombres: Las identidades reales y falsas de los infiltrados suelen coincidir en los nombres, con algunas excepciones. Por ejemplo, Marc se llamaba José Ignacio, y Marta era conocida como Maria Ángeles o Marian. En otros casos, les asignaron nombres compuestos, como a Sergio, que se llamaba Sergio Manuel en su identidad falsa, o Lucía, que se hacía llamar Maria Lucía. También se dan casos como Carlos y Juan Carlos, o el de Lucía y Maria Lucía.

- Cumpleaños: Hasta ahora, las fechas de nacimiento, tanto reales como falsas, han coincidido en todos los casos. Un modo casi definitivo de contrastar una identidad es comprobar la fecha de nacimiento de la persona mediante una fuente de confianza con acceso a datos, como podría ser personal sanitario. De este modo, se puede verificar si las fechas de nacimiento de las dos identidades coinciden. Los nombres reales de los infiltrados aparecen en el BOE, y hasta 2022 también se publicaban sus DNI. Con la nueva ley de protección de datos, ahora los BOE ya no incluyen los números completos de los DNI.

- Promociones y graduaciones: Las infiltraciones suelen ocurrir pocos meses después de la graduación de los agentes como policías nacionales, por lo que es útil consultar el BOE correspondiente al año de su promoción. Por ejemplo, Sergio se graduó en mayo de 2014 y, en julio de ese mismo año, fue destinado a Moratalaz. Otros infiltrados como Ignacio José, Maria, Ramón y Dani comenzaron a trabajar en Barcelona, Girona y Valencia antes y después del COVID, siendo parte de la promoción de 2019. Durante su formación en la Academia de Ávila, donde permanecen alrededor de un año, también se puede identificar a los infiltrados. Es importante tener en cuenta este dato al investigar a alguien, especialmente por la edad de la persona sospechosa. Las ceremonias de graduación de la academia son transmitidas por Ávila TV, y se pueden encontrar fotos y vídeos en YouTube, prensa y otras plataformas, lo que ha sido clave para identificar a Sergio.

- Notas simples: Las notas simples son una herramienta útil para averiguar la propiedad de una vivienda o local. Contrastar la información de la residencia de una persona investigada con los datos oficiales puede arrojar pistas. Si se conoce la dirección de la vivienda, es posible obtener una nota simple del inmueble y verificar los datos del propietario, para determinar si coinciden con la historia del infiltrado.

- Estudios: En los casos investigados hasta ahora, se ha comprobado que algunos infiltrados, como José Ignacio, Ramón y Maria, se matricularon en la universidad con sus identidades falsas. Sergio y Lucía, por su parte, mantuvieron sus identidades reales mientras estaban infiltrados, aunque en su caso no lo informaron y lo hicieron para poder presentarse a las oposiciones internas a inspector (en el caso de él). Algunos infiltrados ocultaron carreras previas en sus vidas reales. Por ejemplo, Maria estudió criminología, Dani se graduó en derecho, y Belén estudió magisterio.

- Búsqueda por DNI (o cualquier otro dato) con comillas: Al buscar el DNI real o falso de un infiltrado en un buscador entre comillas, se pueden obtener resultados específicos con esa información exacta. Por ejemplo, esta técnica permitió descubrir que Sergio obtuvo su grado en derecho por la UNED durante su infiltración.

- Nota de localización: La nota de localización es un documento informativo emitido por el Registro de la Propiedad, que muestra los derechos inscritos sobre propiedades. Con esta herramienta se puede averiguar si un infiltrado posee propiedades o conocer la dirección de su residencia real, ya que su nombre, apellidos y DNI son públicos a través del BOE. Recordad: después de 2022, los BOE ya no incluyen los números completos de los DNI.

- Búsqueda por titularidad de un vehículo: Este trámite, que puede realizarse en línea con solo conocer la matrícula del vehículo, permite obtener información sobre el titular. Un ejemplo de esto es el caso de Marian, donde se logró confirmar su identidad real al rastrear la titularidad de un vehículo cuyo número de matrícula se había asociado a ella en algunas ocasiones.

- Perito en fotografía: Mediante análisis de fotos del infiltrado, tanto de su vida real como de la falsa, un perito puede confirmar que se trata de la misma persona, como fue demostrado en algunos casos por los medios El Salto y La Directa.

- Redes sociales reales: Es sorprendente, pero muchos infiltrados y sus círculos cercanos tienen cuentas en redes sociales (Twitter, Instagram, Facebook, etc.). Estos perfiles pueden ser muy útiles para investigar. Por ejemplo, si sabemos la fecha exacta en la que un infiltrado comenzó su operación, podemos consultar el BOE de ese año y buscar coincidencias con las identidades que aparecen en redes sociales. Si las fechas de nacimiento coinciden, podemos investigar aún más. También es posible contrastar direcciones, lugares de trabajo o cualquier otra información obtenida.

¿Hay líneas rojas?

Llegadas a este punto, resulta evidente que los casos que hemos vivido de cerca nos permiten entender que los policías infiltrados no tienen líneas rojas.

Somos conscientes de que muchas creíamos, o hemos creído en algún momento, que los infiltrados seguían un código de conducta, que había límites que no cruzarían. Sin embargo, la realidad nos ha demostrado lo contrario. A continuación, señalamos algunos de estos supuestos límites para tomar conciencia de hasta dónde llegan y evitar descartar una investigación bajo falsas suposiciones.

Muchas personas pensaban (pensábamos) que los infiltrados nunca:

- Cometen actos ilegales.

- Mantienen relaciones sexoafectivas con sus objetivos.

- Utilizan su origen familiar para integrarse en grupos afines, como hizo Belén al instrumentalizar su ascendencia palestina (por parte de padre) para acercarse a nuevos objetivos con mayor facilidad y ganarse su confianza.

- Tienen trabajos con contrato mientras están infiltrados. Sergio trabajó durante varios meses en dos empleos con su identidad falsa, probablemente para reforzar su historia y disipar posibles sospechas.

- Estudian estando matriculados con sus identidades falsas y reales simultáneamente.

- Presentan a familiares o amigos reales al grupo en el que se infiltran.

- Poseen documentos públicos bajo su identidad falsa, como DNI, carné de conducir, seguridad social, cuenta bancaria, teléfono móvil o contrato de alquiler.

- Incorporan elementos reales a su historia inventada, como hizo Maria en Girona con su familia y amigas.

- Se tatúan símbolos o frases relacionadas con el entorno en el que se infiltran, como Dani o Sergio.

- Usan aplicaciones de citas como medio para acercarse a militantes o entornos que tienen como objetivo.

- Recogen muestras biológicas de compañeras sin consentimiento, así como datos biométricos.

- Cuentan con nóminas falsificadas por la policía para justificar contratos de alquiler sin que las empresas implicadas lo sepan.

Sabemos que policías infiltrados han llevado a cabo todas estas prácticas, y seguramente hay muchas otras que aún desconocemos.

En resumen

Las infiltraciones policiales han sido históricamente un tema tabú desde el entorno político por diversas razones, como la vergüenza, el miedo a ser vistas como una debilidad o una incapacidad de gestión, entre otras. Esto ha provocado que en muchas ocasiones no se hagan públicas, que no se reflexione sobre ellas fuera del colectivo o la asamblea afectada, y que, en consecuencia, se queden como simples anécdotas personales, sin llegar al conjunto de los movimientos sociales. El hecho de reunirnos y reflexionar sobre estos casos nos ha permitido identificar patrones que, a su vez, han facilitado el descubrimiento de más infiltraciones. Por eso, insistimos en la importancia de hacer públicos los casos, recopilar información, crear herramientas y compartir lo aprendido.

Por otro lado, que alguien encaje en algunos de los patrones mencionados anteriormente no significa necesariamente que estemos ante un infiltrado. Simplemente indica que nuestras sospechas justifican investigar más a fondo. Como hemos señalado en otros momentos, este libro y estas preguntas son solo una guía, un punto de partida, no una manera de probar un caso ni una fórmula mágica.

Aunque hayamos identificado patrones comunes en los casos de España y UK, esto no significa que no puedan existir otros casos que aún no se hayan demostrado. La idea es seguir actualizando este escrito con el tiempo, a medida que surjan nuevos casos. Por eso también es crucial conservar toda la información y los datos de cada caso, ya que pueden ayudar a seguir completando las piezas del rompecabezas de lo que constituye una infiltración policial.

Por supuesto, desaconsejamos difundir rumores basados únicamente en sospechas. Los chismes sin confirmación pueden causar mucho daño y destruir organizaciones desde dentro, independientemente de que haya o no una infiltración real.

Es importante recordar que, aunque puede haber similitudes en la forma de actuar de los infiltrados, también existen muchas diferencias, dependiendo de los objetivos que les hayan asignado, del tipo de colectivo o entorno en el que se introduzcan. Incluso pueden comenzar con ciertos patrones y luego cambiarlos según cómo se desarrolle la infiltración. No debemos olvidar que tienen toda una infraestructura detrás, y que prácticamente todo lo que hace o deja de hacer un infiltrado está calculado y no depende de la iniciativa individual de la persona en cuestión.

CAPÍTULO 4

Politicemos los malestares

Este capítulo nace de la necesidad de expresar nuestras vivencias. Por eso, al inicio del libro proponíamos una mirada hacia atrás, para luego poder explicar cada infiltración. Conocer cada caso nos permite reflexionar sobre lo que tienen en común, los patrones que siguen. Explicar lo que sabemos es una forma de hablar de los dolores, los cuidados, la rabia, la reflexión y los procesos que nos han traído hasta aquí.

La infiltración de Daniel H. P., "Dani", aunque no fue la primera descubierta, sí fue la primera en tener más impacto en prensa por el nivel de relaciones sexoafectivas que este mantuvo. Eso nos hizo entender que su tarea principal era precisamente esa: establecer relaciones. No nos parece casual que, justo el infiltrado que utilizó las relaciones sexoafectivas de forma tan agresiva, provocara como primera reacción la unión inmediata de las personas afectadas. La mayoría éramos mujeres, y desde el principio supimos que esto era un ataque directo del Estado, y que unirnos era la única respuesta lógica frente a la violencia patriarcal que, una vez más, se ejercía sobre nosotras. Así nació el colectivo *Acció contra l'espionatge d'estat*, formado por amistades cercanas y personas que se habían relacionado sexoafectivamente con Dani. Algunas ya se conocían, otras no. Surgieron diferencias, pero descubrimos que solo entre nosotras podíamos entender ciertos dolores, y que eso era de gran ayuda en nuestros procesos.

Cuando empezaron a descubrirse nuevos casos —Sergio en Madrid, Maria en Girona o Ramón en València— y vimos que el uso de las relaciones se repetía como patrón, decidimos ofrecer un espacio de encuentro al resto de personas afectadas. Poco a poco nos fuimos juntando, sin más pretensión que encontrar un lugar donde cuidarnos, escucharnos, entendernos y apoyarnos. Un espacio para lo emocional.

Con el tiempo, nuestras necesidades fueron cambiando. A partir de las experiencias compartidas, comprendimos el valor de los aprendizajes y la importancia de que no quedaran solo en manos de unas pocas. Este proceso ha sido clave para poder seguir adelante. Verbalizar, compartir y escuchar nos ha fortalecido. Nos ha hecho entender que no estamos solas en esto. Hay más personas que han pasado por lo mismo, atravesando procesos similares.

Esta última parte del libro nace del deseo de compartir lo que sentimos con quienes han tenido que pasar por esto en soledad, o con quienes —tal vez— lo vivirán en el futuro. Es una forma de que, a través de nuestras experiencias, puedan sentirse identificadas y encontrar validación en sus propios procesos. Hemos aprendido que es normal cuestionarse, sentirse bien y mal a ratos; que cada persona lo vive a su manera, y que todas son válidas. Cuando nosotras nos enteramos de que habíamos convivido con infiltrados y comenzamos a reunirnos, buscamos referentes. Este libro no pretende ser una guía única, pero sí una mano amiga para quienes tengan que atravesar situaciones similares.

Nos parece importante también politizar los malestares —y hacerlo en primera persona. Recordar que sufrir una infiltración de cerca no deja a nadie indiferente. Desde que empezaron a salir a la luz estos casos, han hablado periodistas, psiquiatras, psicólogas, abogadas y muchas de las personas que nos han acompañado.

Al empezar a contar lo que nos había pasado —en círculos cercanos, en redes sociales, con comunicados o carteles— muchas sentimos miedo de usar ciertas palabras, y al hacerlo, fuimos cuestionadas. Por eso, en esta última parte hablaremos de violencia sexual institucionalizada, de tortura y de represión. Pero también de los procesos, individuales y colectivos que nos han traído hasta aquí, así como de las discusiones y reflexiones que nos han llevado a adoptar, o no, algunos de estos conceptos.

En el marco de todos estos procesos, muchas de nosotras, las que hemos sufrido una infiltración de cerca, decidimos que se nos evaluara según los protocolos de Estambul[37]. Estos protocolos son un «conjunto de estándares internacionales para la investigación y documentación de casos de tortura y otros tratos crueles, inhumanos o degradantes» acordados por las Naciones Unidas para los Derechos Humanos[38]. Los resultados de esas evaluaciones se expondrán en distintos momentos para explicar la defensa, o no, de algunos de los conceptos que abordaremos a continuación.

¿LAS INFILTRACIONES SON PATRIARCALES?

El Estado, tal como lo conocemos, es una estructura de poder y control basada en un sistema de clases, capitalista, colonial y patriarcal que, mediante la creación de instituciones y leyes, perpetúa su dominio. Utiliza estos mecanismos para mantener el orden establecido, ejerciendo el monopolio del uso de la fuerza, la violencia, la represión y la tortura contra cualquier disidencia que pretenda cuestionarlo o

---

37 En nuestros casos, estos informes periciales han sido realizados por el Sir[a], Centro de Atención a Víctimas de Malos Tratos y Tortura.

38 Comité contra la Tortura de las Naciones Unidas. (2008). Guía de formación sobre la Convención contra la Tortura y otros tratos o penas crueles, inhumanos o degradantes (Rev. 1). Oficina del Alto Comisionado de las Naciones Unidas para los Derechos Humanos. Disponible en: https://www.ohchr.org/sites/default/files/documents/publications/training8rev1sp.pdf

acabar con él. En el caso del Estado español, nos encontramos con una democracia heredera directa de la estructura franquista que ha ido cambiando de nombres y colores, pero que nunca ha transgredido en su esencia fascista y patriarcal. Además, la estructura actual de poder «democrático» se sostiene mediante un sistema en el que la propia policía determina quién es el enemigo interno que amenaza al Estado. Y, por ende, a quién hay que investigar, torturar o represaliar, con el objetivo de conocer, controlar y atacar cualquier tipo de amenaza a su poder. Se encarga así de mantener el «orden social» y de encauzar las posibles protestas o disidencias dentro de lo que se entiende como los «cauces democráticos legítimos».

La policía no es inocua respecto a la sociedad que controla ni al sistema que la protege: es clasista, racista y patriarcal en su misma esencia. Asimismo, en su intento por controlar, estudia a sus objetivos para poder intervenir en función de los roles de género con los cuales se identifican, y así utilizarlos en su contra.

Como mencionamos anteriormente, hemos optado por referirnos al Estado, la policía y los infiltrados en masculino. Sabemos que ha habido tanto hombres como mujeres infiltradas y, aunque reconocemos la diversidad más allá del binarismo, decidimos nombrarlos en masculino como representación de lo que encarnan: el poder patriarcal que ejerce el Estado. El planteamiento que hicimos previamente en torno a esta elección sirve ahora como punto de partida para entender algunas de las reflexiones que desarrollaremos a continuación, especialmente al observar cómo, en las propias dinámicas de infiltración, se evidencian diferencias marcadas según el género de la persona infiltrada y cómo sus actuaciones posteriores han estado determinadas por ello.

En ese sentido, no es difícil encontrar información, indagando mínimamente, sobre las diferencias en las prácticas policiales de represión y tortura según las diversas identidades de género de las personas que las sufrieron. Recuperando un claro ejemplo mencionado en el apartado histórico, es lo que ocurrió con las Trece Rosas, cuya ejecución no fue solo una condena política por sus ideas y acciones, sino que se utilizó como propaganda, a través de los medios de comunicación, para ejemplarizar sobre la «buena mujer» que el franquismo quería imponer en la sociedad. Revisar los resultados de los casos recogidos por la Red de Personas Torturadas de Navarra (Soto, 2023) o los testimonios de las personas torturadas en la comisaría de Vía Laietana (Pasqual i Escrivà, 2023) también permite acercarse a las diferentes experiencias de tortura según el género de las personas detenidas y/o encarceladas.

El Estado y, por tanto, la policía, varían sus formas de violencia según a quién pretenden silenciar. La represión cambia dependiendo del género de la persona torturada, pero a veces también varía según el género de quien la ejerce. Sin olvidar que las personas torturadas dejan de ser vistas como tales y se convierten en simples objetos de los que extraer datos e información. Para cumplir sus objetivos, y partiendo de la distinta socialización que recibimos según el género, el Estado aplica fórmulas diferenciadas según a quién quiere alcanzar y qué quiere obtener.

Muchos de los infiltrados han utilizado diversas redes afectivas o de cuidados para construir una coartada sólida que les sirviera para afianzar su nueva identidad. La forma de establecer relaciones dependía, en gran medida, de los entornos a los que querían acceder. Así, en espacios más libertarios, se recurrió a modelos relacionales como el poliamor o las relaciones abiertas (por ejemplo, Dani, en algunos casos); en otros entornos más monógamos, se establecieron relaciones cerradas; e incluso hubo quienes, sin establecer vínculos sexuales, crearon relaciones íntimas de amistad que rozaron lo romántico. Una cosa tienen en común la mayoría de movimientos sociales del Estado: llevamos años poniendo, al menos teóricamente, los cuidados en el centro de nuestros espacios. Obviamente, la policía y el Estado conocen cómo funcionamos y son los primeros en utilizar estas fórmulas para generar confianza.

La pregunta sobre si las infiltraciones son patriarcales tiene distintas manifestaciones si analizamos los casos de infiltración destapados hasta ahora. Las más evidentes se encuentran en los roles de género que interpretaron mientras creaban sus vínculos y relaciones más íntimas. Sabemos que cuentan con formación y equipos de especialistas que preparan tanto sus identidades como las estrategias a utilizar para vincularse con sus objetivos, y que los acompañan durante el proceso para guiarlos. Cabe destacar que, aunque algunos infiltrados no eran heterosexuales, sí construyeron una identidad heterosexual —o, al menos, no mostraron lo contrario— durante sus infiltraciones. A pesar de ello, en muchos casos, también reprodujeron o explotaron rasgos de su propia personalidad y desplegaron estrategias que incluían elementos de su identidad real, debido a la necesidad de improvisar y utilizar recursos personales.

Tomando como base para el análisis los rasgos de las relaciones estables y significativas que crearon algunos agentes, como Sergio, Dani, Ramón o Maria, observamos patrones de conducta asociados a su identidad de género que perpetúan la diferenciación de roles del sistema patriarcal, así como diferencias en el modo de utilizar estos patrones para establecer relaciones.

Podemos identificar distintos roles en lo relativo a la apertura del ámbito familiar. Por ejemplo, utilizando características de la masculinidad heterosexual normativa, como la preservación de la intimidad y la escasa apertura emocional, Sergio no presentó a su familia en cuatro años de relación, mientras que Maria sí lo hizo, a pesar de que su infiltración fue más breve.

En cuanto al uso de los cuerpos, la intermitencia y la manipulación emocional, destaca el caso de Dani. Él construía un relato diferente según con quién tuviera interés en vincularse, utilizando diversos traumas para conectar con las personas y generando así una falsa identidad de «hombre cuidador». Poco después, desaparecía por completo o contaba versiones muy diferentes del tipo de relaciones que mantenía con otras mujeres. En su caso, también jugó la carta del «hombre deconstruido» y llegó a contar a algunas personas que era bisexual y que mantenía una relación con un vecino, pero que no lo decía públicamente porque no se sentía preparado. Recurso que supo utilizar en los entornos diversos en los que se movía.

También encontramos patrones similares en el caso de Ramón y Belén, quienes, pese a no traspasar el límite de la sexualidad, hasta donde sabemos, mantuvieron intermitencias románticas que generaron vínculos profundos en su entorno.

Estos patrones difieren claramente de lo observado en el caso de Maria, la única agente mujer infiltrada que, por lo que sabemos hasta ahora, estableció relaciones sexoafectivas estables. Desde el inicio se presentó como una persona cuidadora en sus vínculos y mantuvo una relación cerrada y duradera con implicaciones familiares.

Por otro lado, también observamos diferencias en las medidas de seguridad desplegadas en torno a los infiltrados. Por ejemplo, en el caso de Maria, al establecerse una relación con convivencia, durante los primeros meses cuidaba al perro de una amiga que, casualmente, estaba entrenado para acompañar y proteger en casos de violencia machista. Además, en varias situaciones de riesgo, aparecieron personas que la ayudaron o incluso llegó a intervenir la policía en una discusión violenta en una zona de fiesta. En el caso de Sergio, aunque también estaba protegido por una red de seguridad cercana que hizo que alguna vez aparecieran patrullas rápidamente en situaciones confusas o de riesgo, ya que usaba el SmartWatch como micrófono, nunca contó con un perro policía entrenado, a pesar de ser el que más años convivió en pareja y con amigos.

Violencia sexual institucionalizada

Según la RAE, el verbo «violar» se define como «tener acceso carnal con alguien en contra de su voluntad o cuando se haya privado de sentido o discernimiento»[39].

Partimos de esta definición para poder desarrollar los diferentes sentires expresados por las personas que mantuvieron relaciones sexuales con agentes infiltrados. Encontramos percepciones diversas de la experiencia vivida y no queremos caer en la homogeneización, puesto que cada persona lo ha vivido de manera diversa y no hay una definición ni una norma que diga cómo deben ser esas sensaciones tan personales. Nos gustaría aclarar una cosa: si eres una persona que ha vivido de cerca una infiltración, nadie puede ni tiene que decirte como sentirte. Nosotras solo queremos expresar lo que hemos vivido en un intento de acompañar a gente que pueda encontrarse en esta misma situación, para que pueda encontrar, en nuestros relatos y experiencias, una herramienta de autoentendimiento y comprensión, reflejando que hay diferentes maneras de vivirlo.

> «Cuando por primera vez alguien me preguntó: ¿pero tú crees que te han violado? Me quedé paralizada. (Consejo: no hace falta preguntar esto). La verdad es que la respuesta inicial fue: no. Después, paras a analizar todo de manera política y dices: pues a lo mejor sí. Pero había algo que no me cuadraba, que no

---

39   Real Academia Española. (s.f.). Violar. En Diccionario de la lengua española (23.ª ed.). Recuperado de https://www.rae.es/drae2001/violar

sentía. Hasta que llega un día en el que estás teniendo relaciones sexuales y, pum, tu cuerpo se paraliza,
estás en otro lugar, no te puedes mover, no piensas
nada, empiezas a sentir cosas por todo el cuerpo,
sensaciones nuevas y no buenas, es como si tú no
estuvieras allí y, de repente, salen unas palabras, sin
antes pensarlas, de tu boca: "a mí me han violado"
y empiezas a llorar. Así fue como yo sentí, entendí
y verbalicé que he sufrido una violación por parte
del Estado.»

—Testimonio de una mujer que mantuvo
relación con uno de los policías infiltrados.

Al abordar estos casos, los medios de comunicación,
han recurrido con frecuencia a términos como «engaño» o
«mentira» y a frases del tipo «no me hubiera liado nunca si
hubiera sabido que era policía». Aunque estas expresiones
son ciertas, resultan insuficientes para describir la com-
plejidad de lo vivido. No es que nos hubieran ocultado que
eran policías y en su tiempo libre establecían relaciones,
sino que su trabajo era crear esas relaciones. De ahí es de
dónde nace la necesidad de darle otro nombre; no se trata
de un simple engaño ni una persona que tiene una doble
vida. El trabajo de los agentes infiltrados consistía precisamente en crear esos vínculos sexoafectivos como parte de
una estrategia policial. No eran relaciones espontáneas ni
casuales, sino diseñadas, ordenadas y financiadas por el
Estado. Había una estructura detrás: una institución que
instruye a funcionarios, en este caso, policías, para que se
acerquen a personas concretas por sus ideas y prácticas
políticas. Instrumentalizando sus cuerpos, afectos y con-
fianzas, objetivizándolas como meras herramientas para
obtener información sobre los movimientos sociales y políticos que el Estado considera una amenaza.

El artículo "Violencia institucional sexualizada" de Pikara Magazine[40] explica muy bien esta dinámica:

> «Ese engaño iría más allá de la ocultación de sus características personales, en un plano individual. Se trataría de una actuación profesional ideada o avalada por el Estado, planificada, en todo caso, en la que el agente ocultaría deliberadamente su identidad y, sobre todo, la finalidad real de su acercamiento personal. [...] Resulta especialmente relevante que ese engaño arrojó a esas activistas a actuar en contra de sus propias convicciones, relacionándose con un agente que representa la autoridad y el Estado, y que además estaría actuando en perjuicio de los espacios políticos con los que estas mujeres estaban comprometidas. La anulación de la dignidad, de la libertad de obrar, de la libertad sexual y de la libertad de actuar según sus propias convicciones es lo que convierte esa práctica policial en violencia institucional sexualizada.»

Por eso sentimos la necesidad de nombrar lo vivido de otra manera. No es solo una mentira individual o una doble vida, sino una operación planificada de poder, que involucra coerción emocional e instrumentalización afectiva. Ante este escenario, cobra sentido preguntarnos por el consentimiento y los límites de lo que puede considerarse una relación libre.

Desde que se hizo pública esta situación y algunas de nosotras comenzamos a hablar de violación o violencia sexual, hemos visto cómo este relato fue puesto en duda no solo por los medios de comunicación y la derecha, sino también por muchas personas dentro de nuestros propios

---

40   Autora Laia Serra (Violencia sexual institucionalizada) Pikara Magazine.

entornos. Podemos comprender que haya quien tenga dificultades para entenderlo —a algunas de nosotras también
nos costó—, e incluso hay compañeras que no se sienten así.
Como ya dijimos, hay una diversidad de sentires y no existe
una única forma válida de nombrar o procesar lo vivido. Sin
embargo, queremos dejar claro que exponer esto públicamente no ha sido fácil: nuestros cuerpos y nuestras psiques
han expresado y siguen expresando el dolor profundo que
estos hechos nos causaron. Y que el hecho de que, aún hoy,
algunas personas —especialmente en nuestros espacios
militantes— sigan cuestionando lo que decimos, no hace
más que reproducir los mecanismos patriarcales que nos
oprimen y silencian.

Estas dudas externas también dialogaban con nuestras
propias resistencias internas. Al principio, algunas rechazá-
bamos la idea de haber vivido una agresión o violación; a
otras nos costaba ponernos en el papel de «víctimas» o incluso compararnos con otras violaciones, ya que el recuerdo de
nuestras vivencias no «encajaba» en el imaginario colectivo
que tenemos sobre las agresiones sexuales. Sin embargo,
al analizar las consecuencias psíquicas y físicas que estábamos experimentando, algunas empezamos a encontrar
muchas similitudes. Comparar nuestras experiencias nos
ha servido, primero, para ayudarnos a reconocer lo que
está ocurriendo, identificarlo, poder mostrarlo y hablar
de ello como parte del proceso de reparación que están viviendo nuestras mentes y nuestros cuerpos, y luego, para
poder romper con ese dolor desde un lugar de conciencia
compartida.

A muchas nos ha afectado en la forma de relacionarnos
posteriormente. Un ejemplo de ello es la desconfianza al conocer gente nueva y/o la dificultad o incapacidad temporal
de mantener relaciones sexuales, ya sea porque mentalmen-
te existe un bloqueo o rechazo o porque, aun queriendo, se
experimentan sensaciones de disociación psíquico-física

durante dichas relaciones. Otra de las consecuencias experimentadas es la pérdida de deseo de tener relaciones, de conocer gente y de mostrarte por miedo a volver a vivir episodios similares. Es decir, la dificultad de tener que explicar a personas que aún no conoces bien lo que has vivido. Por mucho que ninguna haya querido identificarse como víctima, lo cierto es que los cuerpos y los subconscientes han reaccionado desde ese lugar, y es algo que no podemos dejar de atender.

«¿Alguien de verdad puede inventar todo esto? ¿Qué clase de locura es esta? Yo me identifiqué con tu historia, con la que me contaste. Entendí los ojos llorosos, te comprendí, hablamos sobre lo difícil de recuperar familias y lo complicado que es hablar sobre la infancia rota. Pero ¿de verdad era todo mentira?

Alguna vez me he encontrado defendiéndote; él no era así. Y la pregunta es ¿Quién era él? ¿Quién eres? Si ni siquiera existes.

Ahora sé que todo era mentira. Pero sigo sin entender la necesidad de inventar según qué. ¿Cual era el objectivo?»

—Testimonio de una mujer que mantuvo relación con uno de los policías infiltrados.

Por otro lado, algunas de nosotras hemos vivido situaciones de llanto, parálisis o bloqueos al mantener relaciones sexuales, debido a la aparición de flashbacks con recuerdos del policía. Otras hemos tenido pesadillas y sueños recurrentes que nos recordaban momentos vividos con él. Todo esto, además, genera rabia, dolor y angustia por seguir sufriendo las consecuencias de la acción de la infiltración tiempo después. A esto se suma la necesidad de saber si eran conscientes de lo que provocarían al mentir y generar ese tipo de vínculos afectivos, junto con el enojo de sentirnos así, porque inevitablemente se percibe como una pequeña derrota frente a las armas que el Estado utiliza para paralizarnos y desmovilizarnos. Nos seguimos preguntando cuánto tiempo más viviremos estas sensaciones y si en algún momento recuperaremos la normalidad de nuestras vidas y relaciones, lejos del recuerdo de la infiltración.

Otro de los aspectos más complejos a trabajar es la disociación entre los buenos recuerdos de la relación que mantuvimos —relaciones placenteras, afectivas, amorosas— y la realidad de que ese ser no existía, y que la persona real nos causa un absoluto rechazo. Sentirse mal por recordar esos momentos como experiencias positivas es bastante frecuente, sobre todo para quienes profundizaron sus vínculos afectivos con los agentes. Al final, la persona que decían ser y con la que estrechamos lazos no existía, pero para nosotras sí. Por tanto, sobre ese personaje hay un proceso de duelo. Este duelo se complica al entrar en juego la mentira, la utilización de nuestros cuerpos con fines policiales y, en muchos de nuestros casos, la imposibilidad de tener un cierre en nuestra relación con esa persona que, aunque ficticia, fue significativa. Aprender a ver la manipulación que había detrás de esas relaciones, las estrategias para llegar a otras personas de nuestros entornos y generar vínculos con ellas también es un proceso doloroso y difícil de transitar, donde la vergüenza y la culpa están muy presentes y son difíciles de mantener al margen. Por eso, suele ocurrir que nos repetimos mantras de culpa y preguntas que no tendrán respuesta: «Nos hemos creído sus mentiras. ¿Cómo nos puede haber gustado algo de lo que hayamos hecho con ellos? ¿Cómo puede ser que haya momentos que los recuerde como bonitos? ¿Que piense que en algún momento me ha cuidado? ¿Que haya llegado a pensar que había algo especial entre nosotros? ¿Que lo eche de menos?». Y es importante entender que para nosotras el personaje fue real y tenía detrás toda una estructura que organizaba la mentira para que fuera difícil no creerla. El artículo de Pikara ya citado lo explica así:

> «En el campo de los derechos humanos, se fraguó el concepto de violencia institucional para denominar la violencia cometida por el Estado con finalidad represiva contra la disidencia. Dentro de las violencias cometidas por el Estado, se han singularizado las violencias sexualizadas. Estas se enmarcan y se aprovechan de un sistema social desigual, articulado con base en roles de género, valores, significados, tradiciones, estatus sociales y jerarquías, que explican por qué el Estado escoge ese tipo de violencias, contra quiénes las ejerce y los impactos específicos que provocan en las agraviadas y en su entorno social. Tanto la violencia institucional como las violencias sexuales son ejercicios de poder, son actos disciplinantes y de mensaje. También tienen en común algunas de sus consecuencias o impactos traumáticos. En el plano individual, afectan a la identidad y la comprensión del mundo de esa persona. En el plano colectivo, afectan a la expectativa de seguridad y a la confianza en las demás personas, deteriorando los vínculos personales, generando aislamiento e inhibición.»

Todo esto no solo nos afecta a nosotras, sino que repercute en nuestro entorno más cercano: en nuestra familia y amigas, que intentan apoyarnos y cuidarnos, pero parten del total desconocimiento sobre cómo abordar estas situaciones y desde dónde ayudarnos. Sin olvidarnos de las personas con las que hemos vivido las situaciones descritas anteriormente, con quienes compartimos intimidad sexual, y que también enfrentan la dificultad y el desconocimiento sobre cómo ayudarnos, sumado a nuestro propio momento de no saber cómo pueden hacerlo.

¿Qué dice la ley?

A pesar de que muchas no compartimos ni nos sentimos cómodas con las leyes y los marcos que rigen el Estado, creemos importante dedicarles unas líneas, ya que la legalidad vigente en casos de violencia sexual nos permite establecer una comparativa entre las situaciones que hemos vivido y los parámetros legales que pueden arrojar más luz sobre esta cuestión.

El consentimiento se trata en el Código Civil español entre los artículos 1265 y 1270, los cuales dejan muy claras las circunstancias en las que el consentimiento queda anulado. Por eso, iremos analizando los artículos establecidos por dicho código, que dicen lo siguiente:

> Artículo 1265: «Será nulo el consentimiento prestado por error, violencia, intimidación o dolo.»
> Artículo 1266: «Para que el error invalide el consentimiento, deberá recaer sobre la sustancia de la cosa que fuere objeto del contrato, o sobre aquellas condiciones de la misma que principalmente hubiesen dado motivo a celebrarlo. El error sobre la persona sólo invalidará el contrato cuando la consideración a ella hubiere sido la causa principal del mismo. El simple error de cuenta sólo dará lugar a su corrección.»

Respecto a estos artículos, queremos destacar que el motivo por el cual nosotras prestamos nuestro consentimiento a los policías infiltrados estaba relacionado con una confianza y atracción que en ningún caso se hubiese dado si, desde el primer momento, hubiésemos sabido que eran policías. Como ya hemos señalado, el objetivo de los policías era ganarse nuestra confianza para extraer información, siendo la relación sexual parte de esta estrategia.

> Artículo 1267: «Hay violencia cuando, para arrancar el consentimiento, se emplea una fuerza irresistible. Hay intimidación cuando se inspira a uno de los contratantes el temor racional y fundado de sufrir un mal inminente y grave en su persona o bienes, o en la persona o bienes de su cónyuge, descendientes o ascendientes. Para calificar la intimidación debe atenderse a la edad y a la condición de la persona. El temor de desagradar a las personas a quienes se debe sumisión y respeto no anulará el contrato.»

En relación con esto, el Artículo 1268 añade:

> «La violencia o intimidación anularán la obligación, aunque se hayan empleado por un tercero que no intervenga en el contrato.»

En nuestros casos, es el Estado, el Ministerio del Interior y la Comisaría General de Información (CGI) quienes participan como terceros para la obtención de información, organizando y ordenando o, como mínimo, creando todo el marco estructural que permite que se den este tipo de relaciones. Además, se produce una situación de violencia e intimidación a posteriori, al considerar el impacto traumático que supone descubrir que has sido usada sexualmente con fines policiales y que el infiltrado tenía una posición de superioridad evidente respecto a nosotras. Por ello, también entendemos que ha existido tanto violencia como intimidación.

> Artículo 1269: «Hay dolo cuando, con palabras o maquinaciones insidiosas de parte de uno de los

contratantes, es inducido el otro a celebrar un contrato que, sin ellas, no hubiera hecho.»

Artículo 1270: «Para que el dolo produzca la nulidad
de los contratos, deberá ser grave y no haber sido
empleado por las dos partes contratantes. El dolo
incidental sólo obliga al que lo empleó a indemnizar
daños y perjuicios.»

Una vez más, se evidencia la existencia de maquinaciones
insidiosas en el momento en que otorgamos ese consentimiento, pues desconocíamos completamente la verdadera
causa por la que éramos utilizadas. El dolo es de carácter
grave, dada la posición de poder de los policías y del Estado.

En resumen, tal como establece el artículo 1265, no solo
se cumple uno de los criterios por los que el consentimiento
quedaría anulado en nuestros casos, sino que se cumplen
los tres. Queda claro que el consentimiento que dimos a los
policías infiltrados para mantener relaciones sexoafectivas
se otorgó por desconocimiento —y, por tanto, por error—,
en un contexto violento e intimidatorio, y con dolo por parte
del Ministerio del Interior, la CGI y los policías infiltrados
que instrumentalizaron dichas relaciones.

Por todo ello, desde un punto de vista legal, consideramos que las personas afectadas por estas relaciones
sexoafectivas pueden ser reconocidas como víctimas de
violencia sexual tanto por parte de los policías infiltrados
como del Estado, ya que el consentimiento viciado, en este
caso de carácter sexual, conlleva inexorablemente una circunstancia de violencia.

Contamos, además, con las conclusiones de los informes
periciales resultantes de los protocolos de Estambul que
la mayoría de nosotras hemos realizado. Estos informes
dictaminan: "Al ser las víctimas militantes políticas, todas
ellas afirman que jamás hubiesen mantenido relaciones

sexoafectivas con los policías infiltrados si hubiesen sabido quiénes eran realmente, otorgando así al infiltrado un
consentimiento prolongado en el tiempo que claramente
tenía matices muy distintos". Y también: "Esta cuestión se
agrava aún más al entender y estudiar que las relaciones
que mantuvieron se usaron con una clara intencionalidad:
la de conseguir información y/o ganarse la confianza de
la víctima. De hecho, si atendemos estrictamente a la definición dada anteriormente del término "intencionalidad",
vemos que se cumplen los tres criterios: existía un *modus
operandi* (acostarse con ellas para obtener información y/o
confianza); había un patrón y una cadena de mando que
entendemos que lo ordenaba o, como mínimo, lo permitía
(la Brigada de Información); y se causó un daño de manera
innecesaria, cruel, sádica y/o con un criterio de persistencia (puesto que, para obtener información y/o ganarse la
confianza, no era necesario mantener dichas relaciones de
intimidad)."

En conclusión, por nuestras propias vivencias, sentimientos y sensaciones expresadas, así como por la
intencionalidad manifiesta de la Comisaría General de
Información y de los policías infiltrados, podemos afirmar
que efectivamente el Estado ha utilizado —y sigue utilizando— la violencia sexual; es decir, emplea el cuerpo, el deseo
y la intimidad de las militantes como herramienta para obtener información y generar vínculos de confianza.

Nuestra intención al decidir explicar todos los impactos
que nos ha generado habernos relacionado con estos agentes es dejar constancia de lo vivido, como un ejercicio de
sinceridad y de memoria colectiva. Es un paso más en nuestros procesos de aceptación y reparación y, por supuesto,
que sirva a quienes puedan vivir algo similar en el futuro.
Nos parece también remarcable —y criticable— el hecho
de tener que seguir exponiendo nuestro dolor, nuestras razones legales y los resultados de protocolos sobre tortura

para evitar que se siga cuestionando lo que sentimos. A pesar de lo vivido y de los lastres que aún arrastramos, esto también nos ha llevado a encontrarnos, a entendernos desde el dolor y, por tanto, desde los cuidados. Y eso nos ha fortalecido, porque nuestras experiencias nos han permitido conocer mejor las estrategias policiales y aprender a detectarlas, incluso cuando intentan ocultarse. Por eso decidimos llamarlo violencia sexual institucionalizada: porque la violencia sexual que hemos sufrido forma parte de una estrategia financiada y sostenida por el Estado, diseñada para ser utilizada contra cualquier voz disidente.

La respuesta pública

En el contexto de las infiltraciones policiales, hemos visto cómo los medios de comunicación y las redes sociales han jugado un papel fundamental en la manera en que se han percibido y se ha respondido a estos hechos. Al destaparse los diferentes casos de infiltraciones, hemos observado una reacción pública y mediática que no solo invisibiliza la violencia que hemos sufrido, sino que también deja en evidencia cómo el patriarcado sigue operando en la forma en que la sociedad responde.

La experiencia que hemos vivido demuestra que, en muchas ocasiones, la respuesta pública ha replicado patrones profundamente arraigados en el sistema patriarcal. A través de cuestionamientos, morbo y la desvalorización de nuestras vivencias, se han encubierto y justificado las infiltraciones, ignorando el sufrimiento de las afectadas y desvirtuando la responsabilidad de los verdaderos culpables: el Estado y la Policía. Los juicios, las dudas, las preguntas morbosas, incómodas y fuera de lugar, las respuestas mediáticas o incluso la insensibilidad con la que se trata a quienes deciden denunciar estas prácticas también son síntomas de la perpetuación de roles en nuestra sociedad. Cuando los medios hacen eco de la situación, perdemos el control sobre nuestro relato, transformándose nuestras experiencias en un espectáculo mediático donde otros se apoderan de nuestro dolor y lo manipulan a su conveniencia. Este patrón no es nuevo, pero nos resulta frustrante ver cómo, una vez más, el foco recae sobre nosotras en lugar de sobre los actores responsables.

Cuando denunciamos violencia sexual institucionalizada, muchas veces observamos en la respuesta pública un doble estándar que depende claramente del género de quien denuncia. Cuando las mujeres han decidido denunciar, la reacción pública ha sido poner en duda su credibilidad, minimizando el acto de violencia o responsabilizándonos y culpándonos de la situación. De esta forma, se sigue alimentando el sistema que está construido para proteger a los agresores y perpetuar la impunidad, minimizando la violencia y trasladando la responsabilidad a la persona agredida. Esto responde a un orden social que refuerza el poder patriarcal y castiga cualquier intento de subversión. Como menciamos anteriormente, este mecanismo de control no es casual: es una estrategia para que, una vez más, el miedo y la culpa mantengan el silencio. A diferencia de esto, cuando los denunciantes han sido hombres, la respuesta, aunque en algunos aspectos puede ser parecida, no tiene esa misma carga y visión culpabilizadora. En esos casos, la estrategia policial ha sido afirmar que en esas relaciones había sentimientos verdaderos, invisibilizando que también han sido herramientas del Estado para obtener información. No nos parece casual que la idea del amor verdadero y, por tanto, el error policial de una mujer (Maria), sea explotada por la policía y aceptada por la mayoría de medios de comunicación, sin tener en cuenta el uso que la policía ha hecho de los cuerpos de los y las militantes, tratándolos como simples objetos desde los que acceder a información.

El análisis de las respuestas públicas también ha puesto en evidencia una gran diversidad de sentires, tantas como personas afectadas. Sin embargo, hay un consenso generalizado entre quienes hemos vivido de cerca estas infiltraciones: la revictimización ha sido constante, mientras se ha dejado de lado una reflexión crítica sobre las estructuras que permiten este tipo de violencia. En lugar de reconocer que el verdadero problema radica en la actuación del Estado y la Policía, se ha individualizado el sufrimiento, desviando la atención hacia la persona afectada y no hacia la responsabilidad colectiva de los actores institucionales. En este contexto, es fundamental que reflexionemos sobre cómo estas respuestas no solo minimizan el daño, sino que también nos impiden avanzar en una respuesta política y contundente desde las luchas colectivas. No buscamos culpabilizar a individuos, sino señalar el sistema que nos atraviesa a todas con la esperanza de aprender y transformar esta experiencia en una herramienta de resistencia.

Después de las denuncias públicas y judiciales, surge la pregunta: ¿Por qué los medios de comunicación han puesto más énfasis en las parejas afectivo-sexuales de los policías infiltrados desde el morbo? ¿Se han tratado de la misma forma todas las relaciones?

Lo que observamos son referencias casi siempre críticas pero revictimizantes hacia las relaciones en el caso de Dani, quien tuvo relaciones sexuales con más de una mujer. Por el contrario, se critica también a las parejas estables de Maria o Sergio, pero no desde la misma óptica, sino desde una revictimización que pasa de la pena al engaño. El análisis de las respuestas públicas y sociales nos lleva a afirmar que éstas sostienen un sistema que claramente encaja mejor dentro de una estructura de reproducción del modelo familiar. Ya que el patriarcado, históricamente, ha reproducido la creencia de que la familia tradicional tiene que ser el núcleo central de la sociedad, desmereciendo o quitando valor a otro tipo de relaciones que pueden ser vistas como una amenaza al modelo establecido.

También hay un interés sobre el control y la propiedad del cuerpo. Históricamente, las relaciones sexoafectivases han sido atravesadas por la idea de pertenencia y exclusividad, como una forma de asegurar la «legitimidad» de la descendencia. Y en los casos donde no se cumple ese patrón de relación, se nos ha juzgado y culpabilizado de la situación, porque estas formas de relacionarnos desafían la lógica de posesión y control.

La respuesta mediática ha dado mucha importancia a las relaciones sexuales, obviando que todas hemos sido utilizadas como herramientas por el Estado y olvidando, a menudo, que las amistades también hemos sido objetivizadas para sostener la infiltración policial. Eso nos lleva a preguntar: ¿dónde están representadas las amistades de los agentes infiltrados? La respuesta pública desvaloriza el valor de la amistad. ¿Por qué no nos preguntamos cómo están las amigas de los policías infiltrados? ¿Por qué los medios de comunicación piensan más en las relaciones sexoafectivas? ¿Dónde quedan las amigas?

> «T'estim molt. Sou grans, sou genials i sou familia. I tu ets una persona meravellosa des del minut 1 fins el final."[41] Estas fueron algunas de las últimas palabras que me escribiste. Yo respondí. "El mateix et dic, bonica. Gràcies per ser-hi". Si hubiera sabido quién eres no te habría contestado eso, estoy segura.
>
> Suena el teléfono: "Sí, lo es, es policía."

---

41 Whatsapps literales enviados por una policía a una mujer que era su amiga y la respuesta de esta. Hemos decidido poner los originales en català y traducirlos aquí. Policía: "Te quiero mucho. Sois grandes, sois geniales y sois familia. Y tú eres una persona maravillosa desde el minuto 1 hasta el final."

Empieza una ruta y no de las que me habías prometido que un día haríamos. Una ruta de emociones, puedes encontrar las que quieras, desde tristeza hasta rabia, pasando por un ataque de pánico, ansiedad y la constante paranoia. También, sentirme sola. '¿Cómo está la pareja de...?' Siempre él. Casi nunca yo. Porque solo eras mi amiga. Como si ser amiga no fuera suficiente. Como si querernos, compartirnos, sostenernos y confiar, no contara. Como si el amor solo fuera válido si incluye sexo y exclusividad. Como si la cultura monógama fuera la única que sabe reconocer el dolor.

A mí también me has engañado. A mí también me has roto. Pero parece que el mundo solo legitima el luto de las parejas. Parece que yo no puedo, porque éramos solo amigas. Pero ¿sabes qué? Tu personaje y yo, éramos mucho.»

—Testimonio de una mujer que mantuvo relación con una de las policías infiltradas.

El sistema patriarcal no ve la amistad como un tipo de relación fundamental porque no cumple con la función de perpetuar el sistema familiar que sostiene la economía capitalista. Además, las amistades pueden ser un espacio importante de apoyo mutuo y cuidados, lo cual puede desafiar al sistema; por ello, las minimiza. Se refuerza así la idea de que las amistades no tienen una función considerada necesaria para el avance económico y político del *status quo*. Por el contrario, los vínculos de amistad se convierten en fórmulas que pueden llegar a plantear otras organizaciones sociales basadas en la comunidad y el apoyo mutuo. La necesidad del sistema de mantenerse reproduce discursos donde se menosprecia la amistad con el fin de salvaguardarse.

Esa respuesta mediática que colocó en segundo plano la amistad generó en muchas compañeras una dificultad añadida a la hora de poder procesar lo vivido. Algunas personas sintieron que el daño que les había provocado compartir relación de militancia o amistad no podía compararse al resto de relaciones, más intimas, que habían generado. Todo ello también puede generar sentimientos de soledad y minusvaloración de los sentimientos de agravio que dificultan transitar y encajar esta situación represiva.

Es cierto que ha habido muchas respuestas públicas después de destaparse los diferentes casos de infiltraciones policiales. Pero la mayoría de preguntas no suelen ser: «¿Por qué el Estado usa o se permite el uso de estas herramientas que traspasan cualquier línea roja?» o «¿Cómo están las afectadas?», la realidad es que las preguntas que surgen generan incomodidades y malestares, como por ejemplo: «¿Qué hicieron para merecerlo?», «¿Por qué establecieron esas relaciones?». Los cuestionamientos giran hacia un entorno morboso, desviando la atención de los verdaderos responsables. La revictimización no solo ocurre en redes sociales, en los medios de comunicación o en el posicionamiento de las instituciones, sino que también podemos encontrarla en nuestros entornos más cercanos.

A pesar de saber de la existencia de discursos de odio, para nosotras, denunciar públicamente en redes sociales, en prensa o a través de este libro, es un acto de resistencia y autodefensa ante un sistema judicial que siempre ha estado del lado de los agresores, los policías y el Estado, silenciando a quienes deciden denunciar la violencia. Es una forma de romper el pacto de impunidad que protege a los agresores y visibilizar la violencia de las infiltraciones policiales que el sistema patriarcal busca mantener en la sombra. Los discursos de odio que surgen en respuesta (insultos, amenazas, burlas, acusaciones, etc.) no son solo reacciones aisladas: son parte de un mecanismo estructural que refuerza el control sobre los cuerpos y las voces de quienes deciden denunciar.

El rol de los medios de comunicación también ha tenido mucha responsabilidad. La prensa, lejos de ser neutral, ha jugado un papel clave en la construcción de estas narrativas. La forma en que se titulan las noticias, qué voces se priorizan y cómo se encuadran los hechos influyen en la percepción pública. En este caso, han reforzado el peso de las relaciones sexoafectivas por encima de la amistad y otras formas de relacionarse, que han sido menospreciadas y olvidadas. Los medios se han dado la libertad de generar morbosidad entre la gente, sin tener en cuenta las consecuencias emocionales que esto genera, olvidando que las personas afectadas han sido herramientas del Estado para llegar a información sobre los movimientos sociales y políticos.

Las respuestas institucionales y judiciales no se han quedado atrás, sino que también han reforzado y alimentado el sistema patriarcal. Se han negado a ser transparentes con la información, han desestimado las querellas y declarado que los policías infiltrados no han hecho nada fuera de la legalidad. Declaraciones oficiales que han minimizado el problema e incluso han culpabilizado a las afectadas. Estas respuestas son patriarcales porque, históricamente, han existido para mantener el orden impuesto por el capitalismo y el patriarcado; sus trabajadores han sido y siguen siendo quienes lo alimentan.

El entorno más cercano de las personas afectadas por las infiltraciones policiales también está atravesado por el sistema patriarcal, incluso cuando actúa sin querer hacer daño y queriendo cuidar. El sistema no solo opera en las instituciones, medios públicos y redes sociales, sino que se muestra en las relaciones cotidianas, en la forma en que se aprende a escuchar (o a no escuchar) los procesos de las afectadas. Por eso, después de destaparse los casos de infiltraciones policiales, muchas veces la primera respuesta de familiares, amigas o compañeras es desde el morbo o la minimización del daño, sin señalar a los verdaderos culpables. Se hacen preguntas incómodas como: «¿Seguro que fue así?», «¿Tú también te liaste con él?», «¿Seguro que era parte de su trabajo?», «¿Piensas que te quería de verdad?», «¿Cómo está la que fue pareja del infiltrado?» o «¿Qué hacías para que infiltren a un policía en tu vida?», sin detenerse a pensar en el trauma y el impacto emocional de la violencia sufrida. Esto no es casualidad, sino el resultado de un sistema que desconoce y es incapaz de reflexionar sobre los daños y la revictimización.

¿LAS INFILTRACIONES POLICIALES SON TORTURA?

La Red de Personas Torturadas de Navarra defiende algo que nos parece muy interesante: la tortura es científica (Soto, 2023). No es un hecho aislado, espontáneo ni casual: está organizada, planificada y estructurada. Al igual que nos sucedía con los términos «violación» o «violencia sexual institucionalizada», a muchas de nosotras se nos hacía difícil identificarnos como torturadas.

En este caso ha habido diferentes formas de sentir y transitar los impactos de la infiltración vivida. En el cuestionamiento y la reflexión de como nos sentíamos cada una ha tenido diversas formas de abordarlo. Al igual que hemos hecho en el apartado anterior, intentaremos desarrollar cómo hemos llegado al uso de determinados términos. Para trabajar sobre una base sólida y poder llegar a conclusiones, empezaremos tratando de definir la tortura. El problema que plantea definir «tortura» radica en que este término se trabaja desde ámbitos diferentes, como son el legal y el médico-ético-psicológico.

¿Cómo se define la tortura a nivel médico-ético-psicológico?

El ámbito médico que trabaja o analiza la tortura se diferencia fundamentalmente del ámbito legal en que se da mayor relevancia a la interpretación personal de la víctima. Entre los criterios con los que se trabaja, nos encontramos con dos de fundamentales que consideran que hay tortura si la dignidad personal y humana es menoscabada y si se impide desarrollar el control personal en libre albedrío. La definición de «tortura» que propone presenta numerosos criterios adicionales.

En este ámbito, al igual que en el anterior, la subjetividad y la interpretación juegan un papel tan amplio e imaginativo que llevan a una variedad de conclusiones y opiniones muy diversas e incluso contrarias entre ellas.

Consideramos que el término «intencionalidad» debe ser tratado con rigor debido a la importancia que tiene en este capítulo. Entendemos que existe esta intencionalidad, ya que hay una planificación con una serie de pasos y estrategias sistemáticas que se repiten; es decir, un *modus operandi*. A la vez que podemos observar un patrón, basándonos en esa planificación, que inexorablemente contiene un diseño realizado por toda una estructura policial. También se da un daño provocado de manera innecesaria, cruel, sádica o con un criterio de persistencia; es decir, se provoca daño consciente y, a pesar de ello, se continúa con el plan establecido.

Los peritajes realizados por algunas de nosotras, los ya nombrados protocolos de Estambul, concluyen que deberíamos ser consideradas como víctimas de tortura, ya que presentamos graves impactos clínicos y ontológicos como consecuencia de la acción directa de las infiltraciones policiales y las relaciones que se establecieron.

En esta misma línea, los estudios concluyen que la policía seguía una estrategia deliberada y organizada con el propósito claro de acceder a la información íntima, personal y familiar de las personas, además de acceder a información sobre los movimientos sociales.

¿Qué dice la ley?

Primero, queremos dejar claro que muchas de nosotras no nos sentimos representadas por la legalidad existente, pero entendemos que la ley estatal e internacional es un marco que nos ayuda a definir las formas de funcionamiento del sistema actual. Plantear que lo que nos ha ocurrido va en contra de sus propias leyes puede esclarecer nuestras posiciones o la decisión de usar una u otra terminología.

La tortura tiene una definición legal, la cual está tipificada en el derecho internacional por las Naciones Unidas[42] y, por otro lado, cada Estado tiene su propia definición.

Las Naciones Unidas establecieron en 1987 la Convención contra la Tortura y otros tratos o penas crueles, inhumanas o degradantes. Esta se basa en cinco criterios para definir «tortura». Cabe destacar que estos cinco criterios o condicionantes son subjetivos, ya que dependen del juez que trate la cuestión concreta. Así se considera tortura si:

1. Hay un acto intencional.
2. Ese acto provoca un sufrimiento físico o psicológico grave o severo.
3. Ese acto tiene un propósito, como obtener información o autoinculpación, que implique humillación, castigo o discriminación.
4. Es realizado por un agente del Estado.

---

42 Naciones Unidas. (1984). Convention against Torture and Other Cruel, Inhuman or Degrading Treatment or Punishment. Disponible en: https://www.ohchr.org/es/instruments-mechanisms/instruments/convention-against-torture-and-other-cruel-inhuman-or-degrading

5. En el caso de que el acto provenga de una sentencia o de un procedimiento legalmente constituido, no será considerado tortura. Cabe destacar que este condicionante deja de lado las infiltraciones, ya que no cuentan con un procedimiento jurídico que las avale.

La Convención de las Naciones Unidas estipula que, al cumplirse los cinco criterios, el acto en cuestión se trataría como un acto de tortura; sin embargo, si se cumplen varios de los criterios, pero no en su totalidad, hablaríamos de trato inhumano, degradante o cruel, pero no de tortura.

A diferencia de la justicia internacional, el Estado español no reconoce el delito de tortura como tal, sino que legisla sobre lo que denomina «delito contra la integridad moral». La Ley Orgánica 10/1995 del Código Penal, Título VII: de las torturas y otros delitos contra la integridad moral, recoge en los artículos 173 al 177 una mezcla de los criterios expuestos por la Convención contra la Tortura[43]. Esto nos lleva a pensar, basándonos en la historia reciente de la represión en el Estado español, que el uso del término «daño moral» es una manera de evitar denominar y nombrar «tortura» durante los procedimientos judiciales y sentencias, suavizando así el impacto del acto en sí.

De esta forma, el artículo 173 reconoce que:

1. El que infligiera a otra persona un trato degradante, menoscabando gravemente su integridad moral, será castigado con la pena de prisión de seis meses a dos años.

---

43 Derechos Humanos. (1995). *Ley Orgánica 10/1995, de 23 de noviembre, del Código Penal*. Disponible en: http://www.derechoshumanos. net/normativa/normas/spain/LO/1995-LO-10-1995-CodigoPenal-Torturas.htm

2. El que habitualmente ejerza violencia física o psíquica sobre quien sea o haya sido su cónyuge o sobre persona que esté o haya estado ligada a él por una análoga relación de afectividad, aun sin convivencia (...) será castigado con la pena de prisión de seis meses a tres años, privación del derecho a la tenencia y porte de armas de dos a cinco años (...).

3. Para apreciar la habitualidad a que se refiere el apartado anterior, se atenderá al número de actos de violencia que resulten acreditados, así como a la proximidad temporal de los mismos, con independencia de que dicha violencia se haya ejercido sobre la misma o diferentes víctimas de las comprendidas en este artículo, y de que los actos violentos hayan sido o no objeto de enjuiciamiento en procesos anteriores.

Mientras, el artículo 174 recoge:

1. Comete tortura la autoridad o funcionario público que, abusando de su cargo, y con el fin de obtener una confesión o información de cualquier persona o de castigarla por cualquier hecho que haya cometido o se sospeche que ha cometido, o por cualquier razón basada en algún tipo de discriminación, la sometiere a condiciones o procedimientos que por su naturaleza, duración u otras circunstancias, le supongan sufrimientos físicos o mentales, la supresión o disminución de sus facultades de conocimiento, discernimiento o decisión o que, de cualquier otro modo, atenten contra su integridad moral. El culpable de tortura será castigado con la pena de prisión de dos a seis años si el atentado fuera grave, y de prisión de uno a tres años si no lo es. Además de las penas señaladas, se

impondrá, en todo caso, la pena de inhabilitación absoluta de ocho a doce años.

El artículo 175 establece penas de prisión e inhabilitación para «la autoridad o funcionario público que, abusando de su cargo y fuera de los casos comprendidos en el artículo anterior, atente contra la integridad moral de una persona (...).»

Finalizando con el artículo 177 que dice: «Si en los delitos descritos en los artículos precedentes, además del atentado a la integridad moral, se produjere lesión o daño a la vida, integridad física, salud, libertad sexual o bienes de la víctima o de un tercero, se castigarán los hechos separadamente con la pena que les corresponda por los delitos o faltas cometidos, excepto cuando aquel ya se halle especialmente castigado por la Ley.»

Por otro lado, la Constitución española recoge el concepto de integridad moral en su artículo 15[44], que dice lo siguiente: «Todos tienen derecho a la vida y a la integridad física y moral, sin que, en ningún caso, puedan ser sometidos a tortura ni a penas o tratos inhumanos o degradantes (...)».

En resumen, la legislación actual del Estado español legisla sobre el trato degradante, la violencia física o psíquica y el daño a la integridad moral, estableciendo castigos para quienes lo infligen. Por otro lado, establece la tortura como un abuso del cargo por parte de una autoridad o funcionario público que, con el fin de recabar información, someta a alguien a sufrimientos físicos o mentales, atentando así contra la integridad moral. Mientras que la Constitución prohíbe el uso de la tortura.

---

44   Boletín Oficial del Estado. (1978). Constitución Española de 1978. Disponible en: https://www.boe.es/buscar/act.php?id=BOE-A-1978-31229

Infiltración es tortura

Según la RAE la «tortura» se define como "grave dolor físico o psicológico infligido a una persona de forma deliberada con el fin de obtener algo de ella, especialmente una confesión o una determinada declaración"[45].

A nivel legal, las infiltraciones cumplen con todos los criterios establecidos por las Naciones Unidas para definir la tortura. Estas acciones son intencionales, causan un sufrimiento severo en quienes las sufren, son perpetradas por agentes del Estado que responden a toda una cadena de mando, tienen un propósito claro y no están sujetas a ninguna orden judicial.

Además, las consecuencias psicológicas que muchas de nosotras experimentamos y que en parte han sido recogidas a nivel pericial mediante el Protocolo de Estambul nos permiten afirmar que los impactos personales y traumáticos que nos han dejado estas vivencias nos hacen considerarnos víctimas de tortura.

> «Tras un tiempo, me he percatado de lo que ha significado esa desconfianza con mi entorno. Psicológicamente, me he creado una coraza mayor de la que tenía, una inseguridad constante de quien me rodea. Muchas veces lo único que he querido en no afrontarlo y, en muchos casos, no pasar por determinados entornos por no sentirme juzgado o señalado. Esto ha ido poco a poco generando una ruptura con quien era antes.
>
> Después de esta situación, lo que más pena genera es ser consciente de esta realidad, que probablemente aparezca otra persona y pueda volver a hacerme algo a mí o a mi entorno. Pensar que habrá una

---

45   Real Academia Española. (s.f.). Tortura. En *Diccionario de la lengua española* (23.ª ed.). Recuperado de https://dle.rae.es/tortura

persona apuntando en un ordenador cada dato para poder acabar con nuestra libertad.»

—Testimonio de un hombre que mantuvo relación con uno de los policías infiltrados.

Como hemos señalado, la definición de tortura está sujeta a la interpretación subjetiva de quien juzga. De igual manera, cuando hablamos de tortura, muchas personas visualizan palizas en un calabozo y les resulta difícil entender, como ya hemos mencionado, que la convivencia con personas infiltradas pueda dejar los mismos efectos psicológicos. A pesar de que en los informes periciales obtenidos se han registrado resultados similares a los de otras personas que han sufrido torturas físicas y psíquicas, seguimos enfrentándonos a la duda.

Todo esto coloca a los policías infiltrados, a sus superiores jerárquicos y a toda la estructura que permite que las infiltraciones se lleven a cabo en el papel de torturadores. Son personas que, haciendo uso de su posición de privilegio, se acercaron a nosotras con el fin de obtener información mediante la mentira y el engaño estratégico, anulando nuestra capacidad de decisión al no conocer la verdad sobre ellos, utilizándonos a nosotras y a nuestros entornos. Esta práctica no solo constituye una forma de tortura, sino que también se enmarca dentro de una estrategia más amplia de represión, que busca silenciar y controlar a quienes se oponen al orden establecido. El hecho de que incluso en nuestros entornos cercanos se cuestione esta afirmación es una forma más de revictimización y de cuestionamiento al que nos hemos visto sometidas, las cuales también entendemos como un marco amplio que pretende reprimirnos. Por eso, llevamos tiempo defendiendo y repitiendo que la infiltración es tortura, y continuaremos haciéndolo hasta que quede claro.

LA REPRESIÓN COMO HERRAMIENTA DE TORTURA

Podemos catalogar la represión en un amplio abanico de acciones, que, según la RAE, se define como el «acto, o conjunto de actos, ordinariamente desde el poder, para contener, detener o castigar con violencia actuaciones políticas o sociales»[46]. Este concepto abarca desde la muerte o el asesinato hasta el daño económico que una multa puede conllevar en la vida de una persona, pasando por torturas, detenciones, condenas o procedimientos judiciales que duran largos períodos de tiempo, entre otros.

A raíz del descubrimiento de las infiltraciones, hemos escuchado discursos de indignación sobre el carácter pacífico y abierto de los espacios donde se infiltraron. Estos discursos nacen ligados a la idea de que hay otras organizaciones «armadas» o «violentas» en las que sí deben realizarse infiltraciones, sin ningún control ni orden judicial. Este hecho nos parece caer en el engaño de que las estrategias de represión se basan en proteger a la sociedad de «los malos». La historia de las prácticas policiales nos demuestra que los colectivos y organizaciones que desarrollan discursos y prácticas desde la disidencia suponen una potencial amenaza para el mantenimiento del *status quo* y, por tanto, son susceptibles de control y represión por parte del Estado.

Del mismo modo, queremos remarcar el peligro que suponen los discursos de indignación frente a las infiltraciones en determinados tipos de colectivos, dejando la puerta abierta a la acción represora del Estado en otros colectivos considerados «peligrosos». Al final, se reproduce y hace el juego al discurso del poder, que es quien señala qué es peligroso. Una mirada hacia atrás nos demuestra que la estrategia policial en las infiltraciones traslada a los policías

---

46 Real Academia Española. (s.f.). Represión. En Diccionario de la lengua española (23.ª ed.). Recuperado de https://www.rae.es/drae2001/represión.

de un entorno a otro si son descubiertos, pero no publicados. En estos traslados, no se distingue entre movimientos sociales y políticos violentos y no violentos.

Por otro lado, para poder infiltrarse en grupos más cerrados, primero deben hacer un trabajo de base y ganarse la confianza de personas comprometidas políticamente. Sabemos que no solo infiltran policías en nuestros espacios por lo que somos, sino por el potencial de lo que podemos llegar a ser. Es decir, entendemos que el objetivo de las infiltraciones no es la persecución de prácticas ilegales o delitos, sino que son las ideas las que suponen una amenaza y por ello se controla a los colectivos y organizaciones que las defienden. Las infiltraciones permiten, a su vez, establecer perfiles psicológicos de las militantes. De esta manera, si se diera un estallido social, ya tendrían identificadas a las personas y las dinámicas de funcionamiento interno para poder reprimir con más efectividad y precisión.

> «Atento y abierto a mis mierdas: ¿cómo podria sentarme mal que me expliques algo que te preocupa?. Sabías hacerme hablar. Así pudiste ir haciéndote tu propio mapa de relaciones y redes, quizás de hace años, pero que siguen explicando muchas cosas de hoy y, seguro, de ayer.»

> —Testimonio de una mujer que mantuvo relación con uno de los policías infiltrados.

La infiltración policial es un método represivo más empleado en nuestra contra. Desde fuera, puede llegar a parecer sutil o inocuo, pero sabemos que deja graves impactos físicos y psicológicos en las colectividades afectadas, así como en las personas que formaron parte del entorno directo del infiltrado, creando lazos de intimidad.

Los informes periciales que algunas de nosotras hemos realizado nos permiten acercarnos a estas consecuencias[47]. Dichos resultados exponen:

> «Entre los impactos psicológicos de mayor gravedad, destacan episodios depresivos, crisis de angustia o cuadros de insomnio. Del total de las personas evaluadas, el 70% afirma haber tenido ideas de suicidio en algún momento. En el 90% de los casos, estas ideas se vinculan a la vergüenza, a las humillaciones sufridas o a una idea clara de "irreversibilidad del daño". [...] Entre el 72 y el 85% consideran haber sufrido una pérdida de autoestima, así como un deterioro severo de la imagen de sí mismas. En el 40% de las evaluadas, se identifican además conductas obsesivas, como la necesidad de limpiar o reorganizar espacios compartidos con los agentes infiltrados, como la casa o la habitación, por considerar que son lugares contaminados. Además, "Algunas sufrieron una disminución significativa de su rendimiento académico, como consecuencia de las rumiaciones y la angustia; mientras que otras padecieron dificultades para poder continuar desempeñándose en su trabajo." "La inmensa mayoría de las personas [...] tienen la sensación de estar siendo vigiladas [...] y existe un miedo a que se les pueda inculpar injustamente en el futuro." Desde que los casos de infiltración policial fueron destapados, prácticamente el total de las personas disminuyó su participación en espacios sociales y de militancia, por no considerarlos como lugares seguros.»

---

47 Los datos siguientes provienen de las evaluaciones periciales reconocidas bajo el protocolo de Estambul realizadas a gran parte de las personas afectadas. Para más información, consulta https://centrosira. org/sira-infiltraciones-policiales-parlament-catalunya/

Teniendo en cuenta estas experiencias, la mayoría de nosotras no hemos encontrado en los espacios políticos donde militábamos un lugar seguro. Son mínimos los espacios políticos donde se ha hecho un análisis y reflexión para abordar las infiltraciones con el fin de denunciar la represión y convertir nuestros espacios en lugares más seguros.

«Qué palo sentir que nadie me entiende exactamente o que el colectivo donde hace años milito no responde a mis necesidades. No porque no quieran, sino porque no saben, en un principio ¡ni yo sabía! También me genera mucha impotencia que no se entienda que no son solo mis necesidades, sino que son necesidades colectivas. Esta persona se acercó a mí porque yo estaba militando en este espacio, no es una cosa casual. ¿Cómo no puede ser un problema colectivo? ¿Cómo puede ser que no se entienda que esto va más allá? ¿Cómo puede ser que no se hayan hecho mil charlas y asambleas sobre el tema? ¿Cómo puede ser que seamos algunas de las afectadas más directamente las que nos hemos tenido que juntar y plantear el debate? Además de asimilar todo lo pasado, también somos las que sacamos pasta para las querellas y nos pagamos las psicólogas. Quizás yo he follado con él, pero la información que han extraído es de todo mi entorno. No lo entiendo y me frustra, y me quema, pero aquí seguimos, juntas, las que hemos podido, escribiendo un libro, entre otras cosas. Intentando romper con todo esto porque en el fondo entiendo que esto es "nuevo" para todo el mundo y que es difícil.»

—Testimonio de una mujer que mantuvo relación con uno de los policías infiltrados.

Nos gustaría recalcar la idea de que, al contrario de lo que se cree en algunos entornos, hacer públicas las infiltraciones nos permite cuidarnos y crear redes seguras entre nosotras. Cada vez que un caso se ha hecho público, se han puesto de manifiesto patrones comunes que han llevado a sospechas sobre militantes pasados y presentes y han permitido destapar otros casos. Entendemos el miedo que pueden generar las posibles repercusiones, tanto para las personas que investigan y participan en el descubrimiento de los agentes, como para las personas que se relacionaban íntimamente con ellos. Hasta ahora, ninguna de nosotras ha sido acusada de ningún delito que justificase la infiltración, pero tampoco por denunciarlas. Queremos ser cautas, ya que no sabemos qué ocurrirá en el futuro, pero por eso creemos que es necesario fortalecer las redes de apoyo para poder estar preparadas ante posibles ataques represivos del Estado.

Por tanto, como ya hemos explicado, la infiltración policial es una práctica represiva que no duda en cruzar cualquier línea roja, como la violencia sexual, para llegar a conocer y controlar los movimientos sociales. Los daños psicológicos que provoca en las personas afectadas, así como la legalidad internacional existente, nos permiten catalogar estas prácticas como tortura. Juntarnos y crear redes de apoyo mutuo y comprensión nos ha llevado a encontrar personas con las que entender nuestros dolores para poder sanarlos. Pero, a su vez, nos ha permitido descubrir más patrones y comprender cómo funciona parte de la estrategia policial. Desde los malestares y los cuidados, hemos llegado a poder empezar a dar una respuesta política colectiva.

PROCESOS INDIVIDUALES Y COLECTIVOS

Ante la confirmación de una infiltración, la sensación de soledad y de cierto desamparo ha sido uno de los rasgos compartidos. La traición y el abuso que supone haber depositado confianza en alguien que ha instrumentalizado ese vínculo con fines represivos deliberadamente orquestados y organizados genera distintas emociones y sensaciones: rabia, decepción, angustia, frustración, desvalorización, culpa, inseguridad, desconfianza, miedo, incomprensión o apatía, entre otras.

Algunos de los pensamientos asociados pueden girar en torno a haber vinculado al infiltrado con otras compañeras o personas cercanas, dudar de si alguna información contada o compartida ha podido o podrá tener consecuencias represivas para compañeras o para una misma o responsabilizarse por no haberlo sabido ver o pensar que, si alguien ha sido capaz de engañarnos de tal manera, otros también podrían hacerlo. El cuerpo puede somatizar y manifestar las secuelas de todo esto mediante signos como ansiedad, depresión, insomnio, evasión, pérdida de memoria y alteración de conductas sociales, alimentarias, relacionales, militantes, de carácter y de actitud.

Se trata de un duelo complejo. Por un lado, hay que asumir la instrumentalización y el engaño por parte de una persona que considerábamos amiga o compañera. Una persona que solo ha existido como brazo ejecutor de un engaño deliberado, organizado e institucionalizado, amparado por el Estado. Por otro lado, existe la imposibilidad de despedirnos de la persona que para nosotras sí existió, es decir, la necesidad de hacer un duelo para cerrar la relación que, para nosotras, sí fue real.

Un giro de la realidad que puede inducir confusión, distintas preguntas e incertidumbres. Suele darse una reinterpretación de las situaciones que hemos compartido con el infiltrado. Todas ellas fueron vividas, pero al volver a ellas apreciamos nuevas informaciones y evidencias relacionadas con la vulneración sufrida.

> «Tengo mucho miedo. Cada vez más. Tengo miedo de dejar de respirar, tengo miedo de explicar, tengo miedo de no olvidar.
>
> Cuando pasan los días y miro atrás, todavía te veo y te siento, y me veo y pienso... Por qué. Espero que todas las veces que me has pisado se conviertan en tormentas que te toque vivir, porque este juego que has empezado todavía no ha acabado.»

> —Testimonio de una mujer que mantuvo relación con uno de los policías infiltrados.

Interiorizar, ubicar y gestionar todo este proceso de alta carga emocional no es sencillo. Pueden coexistir necesidades personales contradictorias, inestabilidad emocional (una auténtica montaña rusa) y cierta disociación con respecto a la realidad exterior. Desde fuera, suele percibirse con mayor simpleza, pero ¿cuántas nos atrevemos a conectar con el sufrimiento y la vulnerabilidad que implica imaginar que mañana podríamos descubrir que nuestra compañera de hace años, nuestra pareja o nuestra mejor amiga son personajes ficticios deliberadamente creados para espiarnos?

Es frecuente que queramos hablar del tema, pero también que no queramos saber nada de él. También es común sentir odio hacia la persona que nos ha traicionado o echar de menos al personaje que el infiltrado representaba en nuestras vidas. De hecho, los procesos de recuperación son variados y no lineales, como ocurre en cualquier duelo. Puede haber períodos de mucha atención y presencia del tema y otros de mayor desconexión o voluntad de alejamiento total, todo en distintos grados e intermitencias.

Igualmente, la minimización de la vivencia y sus impactos puede ser una forma de respuesta y de protección de la propia integridad psicológica o del juicio externo. Esta puede darse de forma consciente o inconsciente y puede ser una fase transitoria o un posicionamiento sostenido, sin que eso reste gravedad al asunto como práctica de tortura. Como ya ha quedado claro, lejos de ser una experiencia aislada, con alrededor de veinte casos conocidos en total, se trata de una práctica sistematizada por el Estado. Esto nos lleva a pensar que tú también podrías haber compartido relación con un infiltrado, aunque todavía no lo sepas.

Entendemos que la infiltración afecta a nivel personal y colectivo en todos los casos. Cualquier persona que haya compartido alguna experiencia con el infiltrado ha sido vulnerada, más allá del nivel de intimidad o confianza compartido. Si bien es cierto que quienes compartimos mayor grado de confianza y relación resultamos las más expuestas a una gestión emocional dolorosa.

En estos casos, es conveniente reflexionar sobre qué información dar y cómo nos mostramos o abrimos a nivel público y en nuestros entornos. En primer lugar, pueden aparecer condicionantes como miedo, vergüenza, inseguridad, desconfianza y culpa, entre otros. No mostrarnos conlleva cierta protección sobre la intimidad y los juicios externos, pero dificulta la visibilidad. Sí es cierto que mostrarse ofrece la posibilidad de tener voz propia y política en la denuncia de las infiltraciones y visibiliza la gravedad de estas prácticas represivas, pero también conlleva exposición y carga emocional: afrontar el escrutinio público, el señalamiento, revivir el trauma, gestionar el miedo al rechazo o sostener la propia narrativa frente a posibles cuestionamientos. En nuestra experiencia, tanto mostrarse como no hacerlo puede, en algunos casos, agudizar la sensación de desajuste entre los procesos emocionales propios y la cotidianidad. Cada opción tiene consecuencias y conocer-las puede ayudar a tomar una decisión diferente al respecto.

Además, en nuestros contextos nos encontramos con desconocimiento de referentes e información sobre los impactos y su magnitud. Asumimos y asumíamos posibles consecuencias represivas por nuestra actividad político-social y militante, pero éramos desconocedoras e incapaces de imaginar a la policía vestida de amigo en nuestras propias casas, grupos de confianza, camas y entornos de ocio durante un tiempo tan prolongado, generando vínculos de intimidad y relaciones de este tipo. Esto añadió una mayor dificultad al proceso de entender y acoger lo que nos estaba pasando, así como la dificultad de encontrar apoyo y comprensión al expresar el malestar sentido a nuestros entorno.

Hay una comparación sencilla que ayuda a entender esta falta de referencia e información cuando hemos vivido de cerca una infiltración policial. Ante situaciones crudas y cotidianas como un despido laboral o la pérdida de un familiar o una mascota, es fácil encontrar una persona de confianza con quien hablar y recibir una opinión o consejo basados en la experiencia propia de quien nos escucha. Sin embargo, en el caso de las infiltraciones policiales, nos encontramos sin referente al que acudir. Durante los primeros meses tras descubrir que nuestro compañero de militancia, amigo o pareja era, en realidad, un policía infiltrado, nos hallamos en un completo horizonte desconocido, más allá del apoyo que algunas personas de nuestros círculos sociales intentaban brindarnos.

El hecho de no encontrar consejos cercanos «basados en la experiencia» y que se tratase de un fenómeno no vivido por la inmensa mayoría de la sociedad, acentuó la sensación de cuestionamiento de la realidad y los impactos vividos.

Así, dicha realidad viva queda distorsionada, supeditada y, en muchos casos, guiada por otra interpretación que, lejos de ubicarse como paralela, deviene superior: la del policía infiltrado y la cadena de mando que lo ampara y estructura (Comisaría General de Información). Algo así como si en la película *El Show de Truman* hubiésemos sido Truman y la CGI, la productora.

A esta sensación de realidad distorsionada se suman otras reflexiones mentales y, asociadas a ellas, sensaciones y emociones incómodas. La sensación de instrumentalización puede apoderarse de nosotras. Por un lado, por el control de la policía sobre nuestras praxis e ideas militantes; por otro, por la objetivación plena de la propia intimidad, cuerpo, deseos y emociones. Las infiltraciones policiales han demostrado llegar a entrometerse y afectar los aspectos más íntimos y profundos de la vida personal y política, invadiendo nuestras relaciones, afectos y espacios de confianza con fines de control y represión. Además, toda la sintomatología comentada hasta ahora (distorsión de la realidad, cansancio, agotamiento, falta de energía, apatía, etc.) puede afectar a distintos aspectos de nuestras vidas, provocando otros problemas que, lejos de ayudar, terminan agudizando y reforzando esas sensaciones y emociones negativas.

> «En el cuerpo sentía como la traición de la mentira y la violencia íntima excedían en capacidad de asimilación y supuraban por los poros. Lo peor fue la apatía. La falta de energía, motivación y sentido para salir de la cama».
>
> —Testimonio de una mujer que mantuvo relación con uno de los policías infiltrados.

En este sentido, podemos señalar cuestiones laborales o académicas. Algunos síntomas como el insomnio, la falta de descanso o la apatía han provocado un bajo rendimiento laboral y académico que puede conllevar malestares con las compañeras de trabajo o estudio, así como dificultades para gestionar esta situación con jefes o profesorado. Al fin y al cabo, cada contexto es particular, pero si no se halla entendimiento al abrirse y al compartir los síntomas y causas del bajo rendimiento en estos entornos, las respuestas incrédulas o invalidantes pueden empeorar la situación que estamos atravesando.

Por otro lado, debido, en gran parte, al contexto socioeconómico que atraviesa la clase trabajadora y la sociedad en su conjunto, muchas de las personas que sufren infiltraciones policiales pueden arrastrar problemas psicológicos previos. Esto agudiza las sensaciones de cansancio, agotamiento y apatía mencionadas. Teniendo en cuenta esta situación de vulnerabilidad psicológica en la que algunas de nosotras nos encontrábamos, la infiltración policial acentuó aún más el grado y la variedad de sintomatologías.

La conclusión de los informes periciales que deducen que las afectadas por las infiltraciones podemos ser consideradas víctimas de tortura pudo ser un alivio ante el reconocimiento, pero también el origen de una nueva serie de procesos individuales y colectivos que dificultaban la mejora. A nivel individual, es importante destacar que reconocerse a una misma como víctima de tortura y mostrarse como tal ante jueces, fiscales, abogadas, psicólogas, amigas, compañeras de militancia o familia puede acentuar, en ocasiones, las sensaciones de incomprensión y aislamiento.

Así, la tortura se ha asociado tradicionalmente al castigo físico y no tanto al psicológico, especialmente cuando este es ejercido por funcionarios encubiertos. Esta concepción limitada ha propiciado, por parte de supuestas compañeras de militancia o de organizaciones políticas cercanas, situaciones de incredulidad, reflexiones destructivas y una constante minusvaloración de las consecuencias que las infiltraciones policiales han tenido en nuestras vidas. Así, a la violencia ejercida por el Estado se suma una segunda forma de castigo: el cuestionamiento, la deslegitimación y el aislamiento, configurando un doble castigo que profundiza aún más el daño sufrido.

Castigo político y doble castigo

Los infiltrados cuentan con una red de psicólogos y psiquiatras que trabajan con la policía para apoyarles en la gestión de ambas identidades. Esto, en cierto modo, confronta la creencia popular de que la psicología tiene únicamente la función social de ayudar a las personas y al bienestar colectivo. Y es que la teoría y práctica psicológica del último siglo otorgan a sus profesionales conocimientos acerca de las reglas sociales y culturales, entre otros aspectos, a través de las cuales funcionamos las personas y los grupos. Si sumamos este conocimiento a herramientas y prácticas psicológicas no solo de estudio, sino de intervención, podemos dar lugar a un peligroso cóctel asociado a la manipulación y al control social, en lugar de, como se ha dicho anteriormente, a la creencia de que ese conocimiento y los métodos psicológicos son siempre utilizados con ética para promover el bienestar.

Esos procesos sobre cómo mantener el control y la manipulación sobre una sociedad son los que, en la práctica, se materializan en el apoyo que el policía infiltrado recibe para reforzar su función social.

> «Me es muy difícil entender qué tipo de persona eres. Te aceptaron como más que un amigo y resultaste ser todo lo contrario. Usaste a las personas a cualquier precio, sin importarte el daño que causaras, no creo que nada justifique ese comportamiento tan rastrero. Y total ¿para qué? ¿Por qué? Como todo en

este sistema corrupto: por dinero. Dinero vestido de unos supuestos ideales.»

—Testimonio de la madre de una mujer que mantuvo relación con uno de los policías infiltrados.

En general, es fácil entender que, al haber sufrido las infiltraciones policiales por nuestra militancia y como sujetos políticos, la violencia que hemos recibido por parte del Estado y la Policía Nacional es una violencia de carácter político. Sin embargo, la violencia sufrida no se reduce únicamente a la ejercida por los represores como castigo político; hay un «doble castigo». Hablamos del castigo derivado de las reacciones públicas y políticas tras la noticia de una infiltración. Reacciones que pueden provenir tanto de grupos o personas desconocidas e incluso ideológicamente contrarias, como de los propios entornos políticos cercanos y de organizaciones políticas más grandes, tales como partidos. Vamos a describirlos uno a uno. En las redes sociales, a menudo han sido abundantes los comentarios públicos de burlas, mofas, responsabilización, criminalización y estigmatización hacia nosotras. Todo ello, impregnado de un discurso machista y conservador. Esta es una de las expresiones del doble castigo: el de una sociedad que culpa, ridiculiza y cuestiona a quienes sufrimos estas violencias policiales, perpetuando estereotipos de género y valores retrógrados.

En cuanto a los espacios políticos cercanos y propios, suelen estar conformados por personas que, a diferencia de la mayoría de la población, disputan las causas de los problemas con los que conviven o convivirán mediante la colectivización de la lucha por la resolución de estos. Este hecho compartido genera un espacio de confianza y comodidad en el que generalmente se encuentra mayor apoyo cercano y comprensión, desde el reconocimiento mutuo de compartir valores y marcos analíticos de los sucesos. No obstante, son numerosos los casos en los que la falta de apoyo emocional y político en estos espacios ha hecho que el proceso individual de las afectadas haya sido especialmente más duro de lo que ya lo era por sí mismo.

Cuando, ante el descubrimiento y los impactos de una infiltración policial, estos espacios propios —donde una afectada siente confianza y comodidad— no colectivizan el problema ni la respuesta, se produce la antítesis: la individualización de un sufrimiento que es claramente de raíz política.

Aunque nos pese, con regularidad hemos encontrado en personas cercanas una banalización de la violencia, falta de sensibilidad y despreocupación que nos ha impactado negativamente. Creemos que los comentarios de atribución de responsabilidad a las afectadas y aquellos que, sin ocuparse de sus impactos, justifican que «ya se sabe» o que «esto siempre ha sido así» no son más que reflejos de un individualismo patriarcal exacerbado que traslada la responsabilidad de la violencia a las víctimas, en vez de poner el foco en la responsabilidad de quien la perpetra y en la reparación y responsabilización colectivas.

La respuesta de vacío o banalización de la violencia por parte de personas cercanas conlleva sentimientos y emociones ligados directamente a la soledad, la culpabilidad y el cuestionamiento propio por parte de las afectadas por la infiltración policial. Esto es lo que denominamos «doble castigo».

En cuanto a las organizaciones y partidos políticos, también es común detectar hipocresía y dobles morales. Es descarado que partidos políticos que han dado su apoyo o han formado parte de un gobierno en el que se perpetraban las infiltraciones policiales, en vez de asumir responsabilidades, critiquen estas prácticas antidemocráticas, mientras las han fortalecido en lo económico, político y social. Hablamos de BILDU, ERC y Unidas Podemos, entre otros. También hemos visto como se hacian públicos análisis políticos al respecto que se limitaban a lecturas desde el independentismo como objetivo principal de las infiltraciones, obviando la magnitud de los casos descubiertos. Además, las lecturas territoriales dejan de lado que el estado no duda en mover a sus infiltrados de un lugar a otro una vez descubiertos y analizar sus técnicas es mucho más efectivo desde la globalidad. Por ello, insititmos en la necesidad de responder desde el común de movimientos sociales y entender las infiltraciones como un ataque a cualquier persona que lucha.

Este hecho, que si bien no deja de ser parcialmente cierto, debe enmarcarse dentro del amplio abanico y alcance de las infiltraciones policiales en otros territorios del Estado y en movimientos políticos y sociales diversos: ecologistas, anarquistas, independentistas, anticoloniales, feministas, de barrio, por el derecho a la vivienda y muchos otros.

Herramientas para navegar el naufragio

Enfrentarse a una infiltración es como sobrevivir a un naufragio: todo lo que creías firme se desmorona. Por tanto, toca aprender a sostenerse y aprender de las emociones desbordadas. En medio de ese oleaje, la confidencialidad, la responsabilidad afectiva, la asertividad y la empatía son aspectos fundamentales para abordar estas vivencias. Y mencionamos esto por partida triple:

▶ Abrir debate y posibilitar la autocrítica personal y colectiva. Nuestras experiencias demuestran cómo sigue siendo común hacer política desde la negación y desvalorización de la emocionalidad, sostenidas por una cultura patriarcal que relega el trabajo de cuidados a las mujeres y a la esfera privada. Nuestra posición política reivindica reconocernos desde la asunción de la vulnerabilidad, colectivizar el trabajo de cuidados y politizar las experiencias emocionales, a la vez que emocionalizar las prácticas políticas.

▶ Brindar recursos a quien pueda encontrarse acompañando a alguien afectada. La escucha activa y la comprensión son, seguramente, los pilares sobre los que vertebrar ese (importantísimo y a menudo invisibilizado) rol de cuidados. Recuerda que las personas afectadas pueden estar negando, protegiéndose o no queriendo, o no sabiendo cómo abrir y exponer aquello que las atraviesa en relación con la noticia de haber descubierto un infiltrado en su entorno cercano y/o íntimo.

▶ Cuidar y minimizar impactos negativos o expectativas hacia compañeras que estén atravesando el malestar que supone vivir de cerca un caso de infiltración. ¡Cuídate, compa; elige lo mejor que puedas quién te acompañe!

En este punto, cuando la ayuda brindada por algunos de los círculos sociales no es suficiente ni resolutiva ante las cavilaciones mentales, acudir a profesionales médicos o psicológicos para abordar la sintomatología psicológica y física derivada de la infiltración requiere también de delicadeza.

Pues bien, imaginémonos entrando en la consulta del médico de cabecera correspondiente y explicándole que el hecho de descubrir que la persona con la que hemos compartido tiempo, convivido, mantenido una estrecha relación de amistad, pareja o relaciones sexuales, no es realmente esa persona, sino que era un infiltrado de la Policía Nacional para obtener información. Si no hay una mirada política ni especialización en violencia y abuso, no se puede descartar encontrarse con respuestas que, en lugar de brindar comprensión, expongan, retraumaticen o pongan en duda el relato de la persona que está sufriendo. Desde nuestra experiencia, merece la pena acudir a profesionales que puedan acompañar sin requerir más contextualización, aunque algunas también nos hemos sentido acompañadas por médicos de cabecera que, entre incredulidad, nos han ayudado en el proceso de cogernos bajas y sobrevivir al trauma.

En algunos casos, compañeras que venían realizando algún tipo de terapia psicológica antes de verse afectadas por la noticia de una infiltración, dieron un severo paso atrás en dichas terapias tras el descubrimiento. De hecho, hay vivencias en las que se relata que los psicólogos y psicólogas con quienes ya venían trabajando no estaban, inicialmente, preparados para abordar una situación así. Esto supuso para algunas afectadas una dificultad añadida al resto.

Es en este sentido que podemos exponer las herramientas que nos han funcionado. Por un lado, recursos de gestión emocional propios y compartidos. Pero sobre todo, contar con personas de confianza que pudieran entender la situación por sí mismas y, en caso de posibilidad, disponer de acompañamiento psicológico. Por ejemplo, algunas entidades ofrecen atención profesional para personas que han vivido casos de infiltración[48]. Por otro lado, en cuanto al apoyo mutuo, confiar en personas que no solo entienden sino que han vivido lo mismo y organizarnos entre nosotras ha sido nuestro mayor acierto.

> «Has pisoteado lo sagrado, nuestros espacios, los vínculos, las ideas. Pero también hemos aprendido de ti.
> Hemos ahondado en tu mierda.
> Siento que me recompongo. Ave fénix otra vez.

---

48 En el anexo de *Recursos* encontrarás un listado de colectivos, asociaciones y centros que ofrecen recursos y acompañamiento ante torturas y violencias policiales.

Las compañeras, otra vez las compañeras.
Gracias, compañeras.
Éramos semillas ¿No?.»

—Testimonio de una mujer que mantuvo
relación con uno de los policías infiltrados.

Conformamos Rosas Negras a pesar de la distancia geo-
gráfica, de la afectación personal y de la desconfianza, la
sensación de desconexión y el dolor compartido. Y lo hicimos bajo un propósito de responsabilidad política y de
voluntad de trabajar en colectivo aspectos comunes para
ganar fuerza, pero también (y sobre todo) por necesidad.
Nosotras aún no sabemos cuándo termina esto ni si termina: no sabemos cuándo se nos dejará de erizar la piel al
conocer nuevas compañeras afectadas por infiltraciones,
al pensar en el momento de conocer la dolorosa verdad de
la infiltración o al recordar escenas con quienes creímos
nuestros compañeros. Por eso, sin haber elegido vivir ser
vulneradas, necesitamos y también elegimos juntarnos.

Esta necesidad se hizo más evidente con el paso del
tiempo. Las abogadas, periodistas, artistas y también compañeras de proyectos políticos acompañan o acompañaron
parte del proceso. Pero su rol, necesidades, posición e intereses son solo parcialmente coincidentes. Al final, son las
personas afectadas quienes viven en primera persona las
secuelas que deja una infiltración policial. De ello nacen
necesidades precisas y procesos que pueden ser compartidos y sostenidos en el tiempo en mucha mayor medida
que la publicación de una noticia, un peritaje de impactos o
un proceso judicial. Evidenciamos esto no necesariamente
como una crítica, sino como defensa de la autoorganización
desde el apoyo mutuo y de no delegar solo en agentes externos la gestión personal y colectiva de una infiltración.

Algunas de las personas afectadas también hemos decidido acudir a la vía judicial. No porque confiemos en el sistema, sino como un intento de contar con una herramienta más para poder obtener respuestas o generar precedentes en jurisprudencia, ya sea dentro del Estado o acudiendo a instancias superiores de derecho europeas.

Al poco de destaparse el caso de Dani, varias afectadas presentaron una querella en los juzgados de Barcelona contra el agente, sus superiores jerárquicos y el Ministerio del Interior por los delitos de abusos sexuales, delitos contra la integridad moral, descubrimiento y revelación de secretos e impedimento del ejercicio de derechos cívicos. Esta querella fue inadmitida por dichos juzgados y, poco después, la Audiencia Provincial de Barcelona también desestimó el recurso. Actualmente, hay presentado un recurso de amparo ante el Tribunal Constitucional, al entender que los hechos denunciados debían ser, al menos, objeto de investigación por ir en contra de los derechos más básicos.

En el caso de Maria, la querella fue presentada en los juzgados de Girona por una persona afectada y cinco entidades, entre ellas Òmnium Cultural, el Sindicat d'Habitatge de Salt y la CUP de Girona. La querella, pendiente de ser admitida a trámite, solicita la imputación por torturas, lesiones y daños psicológicos y revelación de secretos de la policía identificada con nombre y apellidos reales. También acusa a la cadena de mando del Ministerio del Interior responsable de la operación que permitió almacenar y transmitir información privada y confidencial de los movimientos políticos de la ciudad.

En el caso de Ramón, dos afectadas presentaron una querella en los juzgados de València contra el agente, sus superiores jerárquicos y el Ministerio del Interior por los delitos de lesiones psicológicas graves, que podrían ser constitutivas de tortura, contra la integridad moral y por la vulneración del derecho a la intimidad y al secreto en las comunicaciones. Esta querella también ha sido desestimada.

Querríamos ser las últimas y que nadie más tuviera que vivir esto. Pero, aunque nos pese, la actualidad nos demuestra que no lo seremos. Por eso queremos que cualquier compañera o colectivo que pase por un proceso similar tenga más herramientas y que nadie tenga que hacerlo sola ni desde cero. Por eso entendemos este libro como parte de un proceso de reparación del daño y una apuesta política por una transmisión de saberes colectivos que nos sirvan de herramienta y refuerzo, a la vez que agrandan sus grietas y su falibilidad.

Hemos recordado cómo la rabia y la impotencia son muchas veces catalizadores que dan fuerza a nuestras luchas. Porque compartir estos sentimientos con nuestras iguales genera solidaridad y apoyo mutuo para sostenernos. Habrán conseguido información, pero no han conseguido ni callarnos ni pararnos, y este libro a corazón abierto es una prueba de ello.

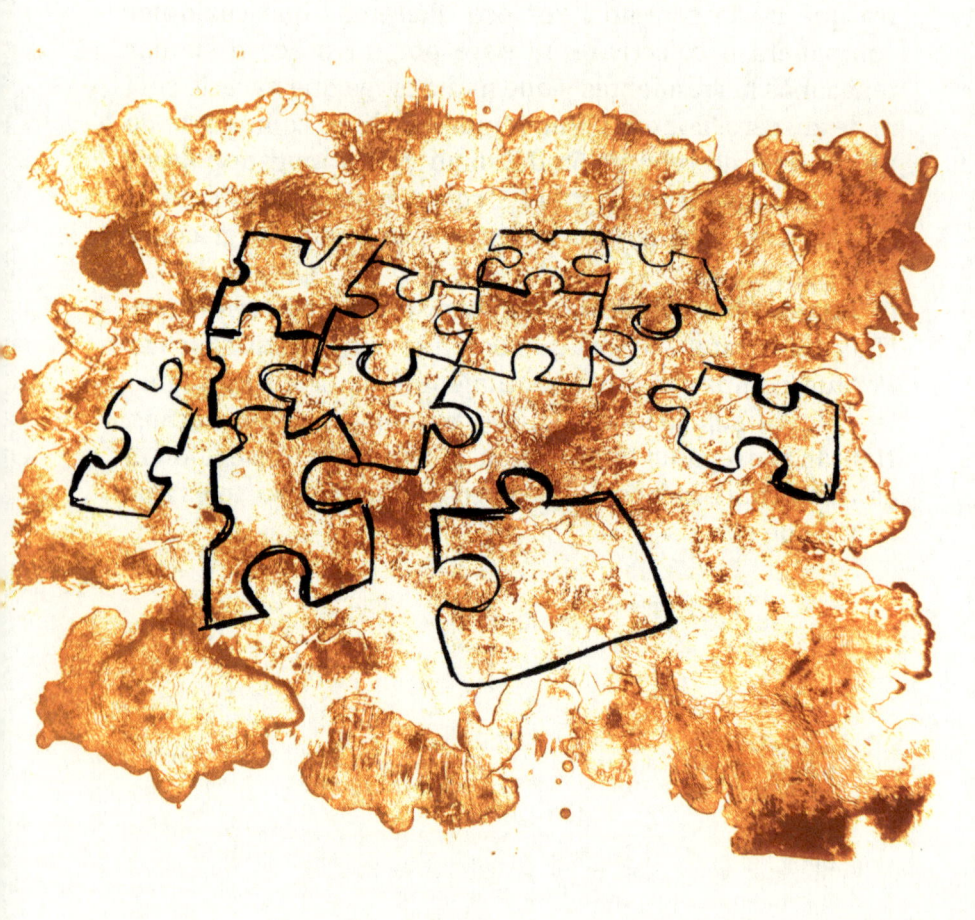

Conclusiones

Tras todo lo comentado anteriormente, creemos que queda poco por decir. Desde el principio, nos hemos cuestionado los términos que utilizamos, debatido las palabras que usamos y la disparidad de sentires. Al empezar a sacar comunicados e intentar que nuestras voces ocuparan espacios, nos hemos visto constantemente cuestionadas. Por eso, queríamos dejar un espacio a la reflexión y explicar qué nos ha traído hasta cada afirmación.

Las infiltraciones policiales son un método más de represión. Sin embargo, debido a la falta de transmisión de información y conocimiento entre militantes en lo que a estas infiltraciones se refiere, es un método que nos ha cogido por sorpresa, abriéndonos una grieta a una práctica que no teníamos tan presente. Parte del objetivo de este libro es corregir y superar esa falta de transmisión de conocimiento de las últimas décadas, dejando como legado un documento para que ese horizonte poco conocido no vuelva a generar la misma sensación de desconcierto que nosotras sufrimos.

Como se ha dado a conocer al inicio del libro, las infiltraciones policiales tienen un amplio recorrido histórico intrínseco a la creación y evolución de los cuerpos policiales. Durante todo un siglo muchas militantes han sido ejecutadas, exiliadas o represaliadas de alguna manera debido a las actuaciones de policías infiltrados.

Un ejemplo claro de cómo la infiltración policial ha pasado desapercibida en nuestra historia, lo encontramos en el caso de las Trece Rosas. Es sabido cómo y cuándo fueron fusiladas estas trece militantes; sin embargo, nunca se ha dado importancia al hecho de que el fusilamiento fue fruto de una infiltración policial. Conocemos que fueron ejecutadas por su actividad política, pero hasta ahora ni nosotras mismas sabíamos cómo habían descubierto su actividad.

El hecho de que durante los últimos años y en la actualidad se sigan destapando policías infiltrados demuestra claramente que es un método sistemático, organizado, intencional y con objetivos de un espectro sociopolítico muy amplio. A pesar de los intentos de algunas organizaciones políticas de instrumentalizar las infiltraciones e intentar trasladar el mensaje de que son el único punto en la diana, la realidad nos demuestra que el simple hecho de organizarte políticamente para transformar el sistema ya te convierte en objetivo policial y de sus métodos de infiltración.

Considerando que las infiltraciones tienen un modus operandi detrás, con una cadena de mando demuestra que se trata de algo sistemático. En esta ocasión, se ha dado una paradoja; si bien es cierto que los servicios de inteligencia han encontrado un modo de operar sistematizado para no ser descubiertos durante décadas, a día de hoy usamos las características de ese mismo método para descubrirles. Sus propios protocolos de inteligencia son usados por nosotras en un intento de contrainteligencia para destapar a los policías infiltrados en nuestros colectivos y organizaciones.

Aunque estos descubrimientos que pueden ser tildados de históricos, probablemente, sus tácticas cambiarán, se adaptarán y acomodarán a nuevos mecanismos, pero lo más importante es mantener aquello que nos hizo empezar en la lucha política y los objetivos emancipatorios que buscamos. A pesar de la fuerza con la que la policía nos ataca como clase trabajadora organizada y del profundo daño que nos ha causado, aún no nos ha destruido. Sin embargo, hay que evitar lanzar acusaciones basadas en rumores y especulaciones que sólo ayudan a nuestros enemigos.

Es inevitable pensar que la realidad en la que nosotras hemos vivido estaba subordinada a la del policía infiltrado y la estructura que lo guiaba. Incluso nuestra toma de decisiones y manera de actuar puede haberse visto influenciada y, en muchas ocasiones, presionada, por los consejos del agente infiltrado. Pero al publicar este libro, nuestro objetivo no es fomentar la paranoia, sino reducirla. Hemos querido ofrecer algunas herramientas y técnicas que permitan llevar a cabo investigaciones de fondo para fortalecernos en el proceso. Son falibles y sigue habiendo muchas cosas que podemos hacer, quedan muchos temas por los que luchar, y muchas batallas por librar.

Irónicamente, sabemos ahora que el uso de infiltrados ha tenido efectos secundarios antirepresivos, como el archivo de casos judiciales o la ayuda indirecta a ciertas campañas. Sabemos de casos en los que la presencia de un infiltrado ha hecho que la policia no pudiera actuar ni reprimir en base a cierta información derivada de la infiltración por miedo a que esta se descubriera o porque el agente estaba inmerso en una causa judicial con su identidad falsa de militante.

Haber podido analizar entre todas la intencionalidad, funcionamiento y consecuencias de las infiltraciones policiales, nos ha llevado a poder concluir que se ha ejercido una violencia política institucional hacia nosotras con un carácter patriarcal en muchas de las ocasiones.

Vemos cómo las infiltraciones son un claro ejemplo del rol patriarcal que cumple el Estado, el uso diferente de estrategias y fórmulas según el género de la persona infiltrada, pero también según con quién pretendía relacionarse. Un claro ejemplo es la utilización de los cuerpos desde la objetivización y despersonalización que nos lleva a algunas a sentirnos violadas o utilizadas por una violencia institucional que cruza cualquier línea roja. A la vez, observamos como la respuesta mediática y social revictimiza tanto a quienes deciden exponerse como a quienes no lo hacen. Algunas de nosotras permanecemos en el anonimato del que los medios, los juzgados y la sociedad nos quieren hacer salir. No es casualidad que las mujeres que se han relacionado sexo-afectivamente con infiltrados no demos la cara públicamente, pero sí se hayan escrito ríos de tinta sobre nosotras. Por otro lado, vemos cómo se ha banalizado la amistad en contraposición a las relaciones monógamas, en un intento del sistema de mantenerse tal como es: clasista, racista y patriarcal.

Nuestra realidad se ha visto distorsionada, nuestra intimidad se ha visto violada y violentada y nuestra confianza depositada hacia el otro se ha vulnerado. Lo cierto es que una vez destapados los policías infiltrados se abre un difícil camino de gestión política y emocional también desconocido para todas hasta ahora y sin falta de referentes en nuestro Estado a los que poder acudir. Todo ello ha causado consecuencias físicas y psicológicas hacia nosotras que han tenido, a su vez, una clara repercusión hacia amplios aspectos de nuestra vida.

En este camino en muchas ocasiones nos hemos encontrado desconcertadas, solas, vulnerables y humilladas, sin saber a quién o dónde acudir ni qué hacer. La unión de las personas que hemos sufrido infiltraciones muy de cerca ha sido la herramienta que nos ha servido para consolarnos, entendernos, ayudarnos y aportar este granito de arena a la militancia de la que este libro es fruto.

Tenemos la sospecha de que la figura del policia infiltrado va a seguir coexistiendo entre nosotras en nuestros movimientos políticos y sociales. Por ello, una pregunta frecuente que nos hacemos es cómo volveremos a abrir nuestras organizaciones a nueva gente. No tengamos miedo de preguntar, pero seamos honestas de por qué lo hacemos. ¿Cómo combinar apertura y seguridad? No hay una respuesta única. Cada colectivo tendrá sus propias necesidades y prioridades. Lo que importa es crear, desde el principio, una cultura que responda a los objetivos y necesidades del grupo, y que se atenga a ellas. Si creéis que necesitáis un mayor nivel de seguridad o secretismo, averiguad cuales son las amenazas específicas a las que os enfrentáis y planificad cómo abordarlas para minimizar el riesgo. La seguridad al 100% no existe, pero siempre hay formas de encontrar soluciones. Muchas organizaciones toman precauciones y tienen herramientas eficaces en su funcionamiento. Se siguen llevando a cabo miles de acciones y esto es una clara prueba de que podemos ser más listas que ellos.

El Estado puede invertir mucho en su intento de pararnos, pero, a pesar de ello, y de manera pionera, estamos pudiendo señalar sus caras, nombres y apellidos, y dar a conocer nuestras historias y nuestras vivencias para tratar de evitar que ningún compañero o compañera pueda sentir esa misma sensación de desolación que nosotras vivimos, y podamos seguir trabajando en ese horizonte de libertad colectiva en el que ponemos cuerpo y alma.

ANEXOS

FICHAS

Nombre real
José Alberto M. F.

Identidad falsa
Albert Martínez

Fecha de nacimiento
-

Lugar de orígen
Valladolid

Lugar donde se infiltró
Barcelona y València

Colectivos en los que se infiltró:
Casal de Pau, Mili kk, la Liga Comunista
Revolucionaria y los GRAPO.

Fecha de infiltración
1991/2000

Promoción
1990

Nombre real
Angel A. F.

Identidad falsa
Ángel Grandes
Herreros

**Fecha de
nacimiento**
-

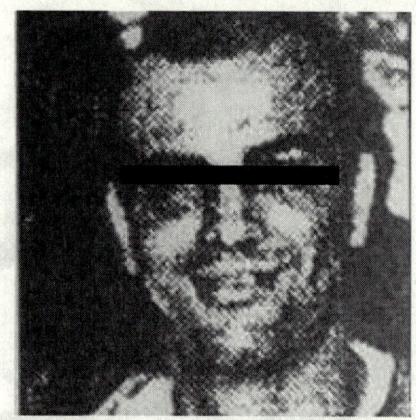

Lugar de orígen
Madrid

Lugar donde se infiltró
Chiapas, Barcelona y Gipuzkoa

Colectivos en los que se infiltró:
Brigada Universitaria de Chiapas, CAMPI,
Kau Subversiu, Assemblea d'Okupes de
Barcelona, Ateneu Popular 9B, Resistencia
Roja y Prou Presons.

Fecha de infiltración
1994/2000

Promoción
1993

Otros: Después de tiempo maltratándola, asesinó a
su pareja Mayka Pérez Márquez en su casa de Vallekas
durante un descanso de su "estancia" en EH. Nunca se
llegó a juzgar a pesar de la presión de la família,
amigas y vecinas.

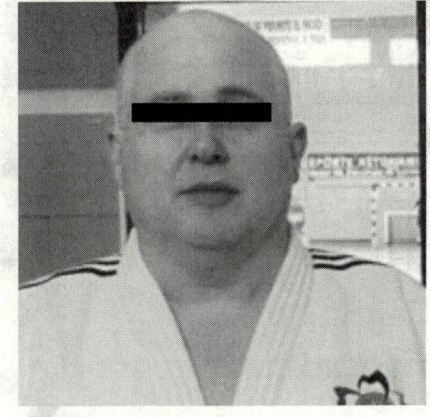

Nombre real
Jose Manuel I. R.

Identidad falsa
Nel

**Fecha de
nacimiento**
-

Lugar de orígen
Boo (Ayer, Asturies)

Lugar donde se infiltró
Euskal Herria y Asturies

Colectivos en los que se infiltró:
Andecha Mocedá, movimiento antiglobaliza-
ción (MAGA), ateneu libertario y Corriente
Sindical de Izquierdas (CSI).

Fecha de infiltración
1996 – 2001

Promoción
1996

Nombre real
Alfonso C. C.

Identidad falsa
David García
Martín

**Fecha de
nacimiento**
-

Lugar de orígen
Lavapiés (Madrid)

Lugar donde se infiltró
Lavapiés (Madrid)

Colectivos en los que se infiltró:
El Laboratorio, espacio Horizontral, foro
social trasatlántico, colectivos antiglobalización (cumbre del G8 en Génova) y
colectivos antimilitaristes (acción en la
base militar de Bàtera).

Fecha de infiltración
2000-2003

Promoción
2000

Otros: En la actualidad parece que es inspector en
la CGI especializado en anàlisis forense digital e
imparte formaciones.

Nombre real
Luis C. P.

Identidad falsa
Luís García Torres

Fecha de nacimiento
-

Lugar de orígen
Sevilla

Lugar donde se infiltró
Sevilla

Colectivos en los que se infiltró:
15M, Mayo Negro, Centro Social La Huelga y
CSOA Sin Nombre.

Fecha de infiltración
2010-2012

Promoción
2009

Nombre real
Ignacio José E. G.

Identidad falsa
Marc Hernández Pon

Fecha de nacimiento
22/7/1992

Lugar de orígen
Menorca

Lugar donde se infiltró
Barcelona

Colectivos en los que se infiltró:
Resistim al Gòtic, Casal Popular Lina
Ódena y Sindicat d'Estudiants dels Països
Catalans.

Fecha de infiltración
2019/2022

Promoción
XXXIII (2019)

Nombre real
Daniel H. P.

Identidad falsa
Daniel Hernández
Pons

Fecha de nacimiento
8/4/1989

Lugar de orígen
Mallorca

Lugar donde se infiltró
Barcelona

Colectivos en los que se infiltró:
Centro Social Okupado La Cinètika,
Coordinadora Antirepresiva de Sant Andreu,
Ateneu Llibertari del Palomar, Sindicat
d'Habitatge, CGT, asambleas antirepresivas,
organización del 1 de Mayo...

Fecha de infiltración
2020/2022

Promoción
XXXVI (2022)

Nombre real
Ramón M. F.

Identidad falsa
Ramón Martínez
Hernández

Fecha de
nacimiento
31/3/1992

Lugar de orígen
Baix Llobregat

Lugar donde se infiltró
València

Colectivos en los que se infiltró:
Xarxa de Suport Mutu i de Cures de
Benimaclet, Cuidem Benimaclet y CSOA
l'Horta.

Fecha de infiltración
2020/2022

Promoción
XXXIII (2019)

Nombre real
Maria Victoria C. S.

Identidad falsa
Mavi L.F.

Fecha de nacimiento
-

Lugar de orígen
Almería

Lugar donde se infiltró
Madrid

Colectivos en los que se infiltró:
Extinction rebellion, Futuro vegetal y
Centro Social la Animosa.

Fecha de infiltración
2022/2023

Promoción
XXXVI (2022)

Nombre real
Maria I. T.

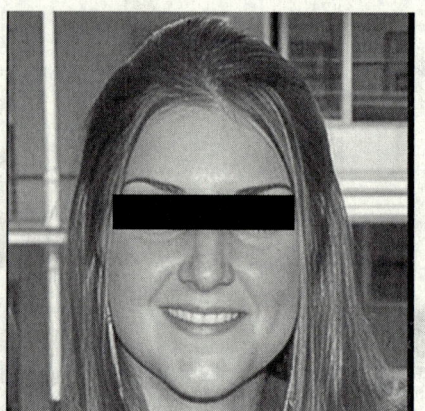

Identidad falsa
Maria Perelló
Amengual

**Fecha de
nacimiento**
12/1/1993

Lugar de orígen
Mallorca

Lugar donde se infiltró
Girona

Colectivos en los que se infiltró:
Espai Antiracista, Tancada per Drets,
Sindicat Habitatge de Salt, Ateneu Salvadora
Català y 21 Raons.

Fecha de infiltración
2020/2023

Promoción
XXXIII (2019)

Nombre real
Sergio G. A.

Identidad falsa
Sergio Manuel
Botana Fernández

Fecha de nacimiento
17/8/1989

Lugar de orígen
Santiago de Compostela

Lugar donde se infiltró
Madrid

Colectivos en los que se infiltró:
Distrito 14 y Movimiento Antirrepresivo
Madrid.

Fecha de infiltración
2014-2021

Promoción
XXVIII (2014)

Nombre real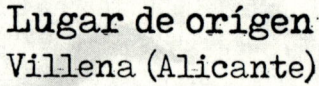
Lucía R. de V.

Identidad falsa
Maria Lucía
Rodríguez Peres

**Fecha de
nacimiento**
8/8/1996

Lugar de orígen
Villena (Alicante)

Lugar donde se infiltró
Madrid

Colectivos en los que se infiltró:
Distrito 104 Aluche, Coordinadora
Antifascista de Madrid y Movimiento
Antirrepresivo Madrid.

Fecha de infiltración
2020/2023

Promoción
XXXIV (2020)

Nombre real
Carlos P. M.

Identidad falsa
Juan Carlos Pérez
Romero

Fecha de nacimiento
13/6/1998

Lugar de orígen
Málaga

Lugar donde se infiltró
Madrid

Colectivos en los que se infiltró:
Distrito 14 y CSO La Bankarrota.

Fecha de infiltración
2020-2022

Promoción
XXXIV (2020)

Nombre real
Maria Ángeles G. A.

Identidad falsa
Marta Gómez Rubio

Fecha de nacimiento
5/10/1962

Lugar de orígen
Aranjuez

Lugar donde se infiltró
Madrid

Colectivos en los que se infiltró:
Grupos de apoyo a presos vascos, grupos de apoyo a presos de los GRAPO, PCE(r), El Laboratorio, la Coordinadora Antifascista de Madrid y Madres Contra la Represión.

Fecha de infiltración
1986/2021

Promoción
1986

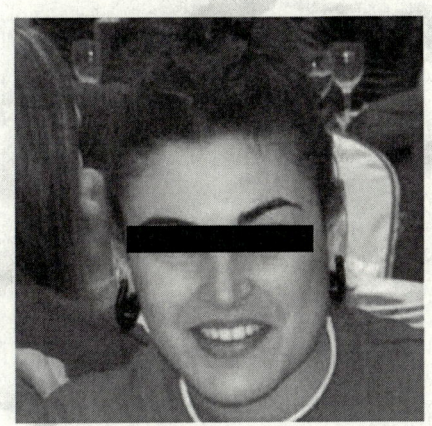

Nombre real
Belén A.-R. G.

Identidad falsa
Belén Hammad Gómez

**Fecha de
nacimiento**
1/9/1992

Lugar de orígen
Madrid

Lugar donde se infiltró
Barcelona

Colectivos en los que se infiltró:
Comunitat Palestina de Catalunya, Coalició
Prou Complicitat amb Israel, Casal Popular 3
Voltes Rebel y Endavant Nou Barris.

Fecha de infiltración
2018-2023

Promoción
2018

Nombre real
Álvaro G. A.[49]

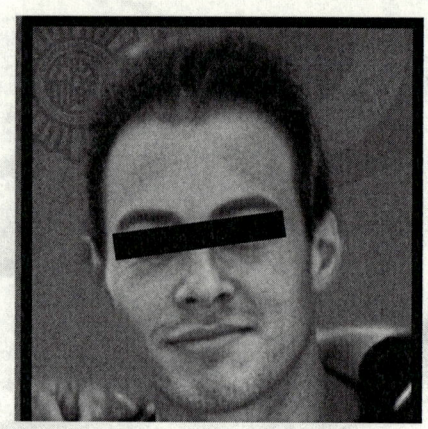

Identidad falsa
Joan Llobet García

Fecha de nacimiento
-

Lugar de orígen
Teruel

Lugar donde se infiltró
Lleida

Colectivos en los que se infiltró:
Ateneu Cooperatiu La Baula, Sindicat Estudiants Països Catalans y la Sectorial de ecología de Endavant.

Fecha de infiltración
2019-2021

Promoción
XXXII

Nombre real
Neiva Marina C. F.[50]

Identidad falsa
Nieves López Medina

Fecha de nacimiento
24/4/1997

Lugar de orígen
Almuñécar (Granada)

Lugar donde se infiltró
Madrid

Colectivos en los que se infiltró:
Extinction Rebellion y Fridays for Future.

Fecha de infiltración
2023-2024

Promoción
XXXVII

50   https://tuit.cat/ye84t

BIBLIOGRAFÍA

Ballester, D. (2024) *Una historia de la policía española. De los grises y Conesa los azules y Villarejo.*

Boletin oficial del estado (varios accesos).

Casanellas, P. (2010) "Lecciones para después de la crisis: El Plan Udaberri (1969) y la lucha del espionaje franquista contra la "subversión" en el País Vasco". *Novísima (enero), pags. 379-392.*

Casanellas, P. (2014) *Morir matando. El franquismo ante la práctica armada, 1968-1977.* Madrid, Los Libros de la Catarata.

Comité contra la Tortura de las Naciones Unidas. (2008). Guía de formación sobre la Convención contra la Tortura y otros tratos o penas crueles, inhumanos o degradantes (Rev. 1). Oficina del Alto Comisionado de las Naciones Unidas para los Derechos Humanos. Disponible en: https://www.ohchr.org/sites/default/files/documents/publications/training8rev1sp.pdf

Derechos Humanos. (1995). Ley Orgánica 10/1995, de 23 de noviembre, del Código Penal. Disponible en: http://www.derechoshumanos.net/normativa/normas/spain/LO/1995-LO-10-1995-CodigoPenal-Torturas.htm

Diccionario de la Real Academia Española (varios accesos).

Eldiario.es (2020)) "Expediente Conesa: de la represión franquista a la cloaca policial". Archivo Genral del Ministerio de Interior revelado por el diario.es.

Fernàndez, D. (2014) *Cròniques del 6 i altres retalls de la cla-vaguera policial.*

Naciones Unidas. (1984). Convention against Torture and Other Cruel, Inhuman or Degrading Treatment or Punishment. Disponible en: https://www.ohchr.org/es/instruments-mechanisms/instruments/convention-against-torture-and-other-cruel-inhuman-or-degrading

Palacios Cerezales, D.;Vaquero Martínez, S. (2024) *Uniformados y secretas. Breve historia de la policía en españa.*

Piqué, R (2006) "El tribunal de Estrasburgo y la garantía de los derechos humanos en personas privadas de libertad. El caso de los independentistas catalanes detenidos durante la operación Garzón." *Torturas y abuso de poder, pags. 122-132.*

Rei, P. (et al.) (2000-2001) *Ardi Beltza*. Revista mensual.

Rosas Negras (2025) "La infiltrada, premios, falsas casualidades y guerra cultural", *Pikara Magazine* (12 de febrero).

Serra, L. (2023) "Violencia institucional sexualizada" en *Pikara Magazine* (febrero).

Sira Centro (2024) "Sira comparece en el Parlament para hablar acerca del impacto de las infiltraciones policiales". Consulta: https://centrosira.org/sira-infiltraciones-policiales-parlament-catalunya/

Webgrafía:

Info.Nodo50.org
culturadelaseguridad.noblogs.org

Fanzines:

Undercover Research Group traducido por Colze a colze
(2023) "Mi amigo era un Policía infiltrado?".

Dos cuadrados (2025) "Manual para destapar a un Policía
infiltrado"

RECURSOS DE INTERÉS

En este apartado ofrecemos un listado de colectivos, asociaciones y centros a los que algunas hemos recurrido ya que ofrecen recursos y acompañamiento ante torturas y violencias policiales.

Abilis: Associación dedicada a transformar des de los malestares. Se dedican a la investigación e intervención crítica en salud mental colectiva y a pensar el sufrimiento y los cuidados des de la interseccionalidad. Más información en: abilis. cat

Alerta Solidària: Organitzación Antirepresiva de la Izquierda Independentista. Más información en: alerta.cat

Diario.es: medio de comunicación digital fundado en 2012 por un grupo de periodistes. Han publicado casos de infiltrados destapados.

El Salto: medio de comunicación independiente que ofrece información y análisis sobre temas de actualidad nacional e internacional. Han publicado casos de infiltrados destapado. Más información: elsaltodiario.com

Iridia: Organización que trabaja en la defensa de los derechos civiles y políticos. Denuncian y publican informes sobre violencia institucional, racismo policial y otras vulneraciones de derechos. Más información: iridia.cat

La Directa: medio de comunicación en catalán de actualidad, investigación, debate y análisis que tiene vocación de contribuir a la transformación social, denunciar abusos e injusticias y potenciar alternativas. Han publicado casos de infiltrados destapados. Más información: directa.cat

Pikara Magazine: revista digital española de divulgación de teoría y práctica feminista que incorpora la perspectiva de género en el trabajo periodístico como medio de comunicación. Más información: pikaramagazine.com

SIRA: Centro de Atención a Víctimas de Malos Tratos y Tortura. Ofrecen atención integral a las personas víctimas de violencia política, vulneraciones graves de Derechos Humanos, malos tratos y/o tortura. Más información: centrosira.org

Si alguien necesita contactar con Rosas Negras puede hacerlo a través del mail rosasnegras@riseup.net

Índice

Mochila económica

En un ejercicio de transparencia, hemos decidido exponer cuáles son los costes que hay detrás de la publicación de cada libro. Creemos totalmente necesaria la accesibilidad a la cultura y la necesidad de generarla desde posiciones críticas. Intentamos que los precios de nuestros libros no sean desorbitados pero que, a su vez, sean viables para sostener el proyecto. Esperamos que esto ayude a las lectoras a tomar conciencia de lo que supone hacer un libro.

El precio de venta de este libro se divide de la siguiente forma:

Trabajo de impresión y post-impresión:	2,60€
Trabajo de edición:	1,05€
Recuperación de la inversión	4,10€
Externalizaciones:	0,17€
Trabajo de distribución:	2€
Librería u otras:	4,50€
IVA:	0,58€

PVP:	15€

Ecología del libro

Cada vez que se comparte un libro, el impacto ecológico de haberlo producido se divide entre dos. Si se comparte una segunda vez, esta división se multiplica, a su vez, por dos. Y así, hasta el infinito.

Por este motivo incluimos, en cada una de nuestras ediciones, una hoja de más para que se anoten las personas que han compartido el mismo libro.

Nombre	Fecha	Lugar

Este libro se acabó de imprimir
en las postrimerías del verano del 2025.
Esperamos que su contenido
sea de utilidad por todas las compañeras,
que refuerce nuestras comunidades
y como nos cuidamos las unas a las otras.
Una y mil veces, ACAB.